교육과정 재구성,
프로젝트 수업을 탐하다

교육과정 재구성, 프로젝트 수업을 탐하다

(행복한 수업을 만드는 학생중심수업, 교육과정 문해력, 그리고 교수평 일체화)

[행복한 교과서®] 시리즈 No. 59

지은이 ㅣ 신지승
발행인 ㅣ 홍종남

2022년 3월 20일 1판 1쇄 인쇄
2022년 3월 27일 1판 1쇄 발행

이 책을 만든 사람들
기획 ㅣ 참좋은연구회, 홍종남
북 디자인 ㅣ 김효정
교정 교열 ㅣ 김경미
출판 마케팅 ㅣ 김경아
제목 ㅣ 구산책이름연구소

이 책을 함께 만든 사람들
종이 ㅣ 제이피씨 정동수 · 정충엽
제작 및 인쇄 ㅣ 천일문화사 유재상

펴낸곳 ㅣ 행복한미래
출판등록 ㅣ 2011년 4월 5일. 제 399-2011-000013호
주소 ㅣ 경기도 남양주시 도농로 34, 301동 301호(다산동, 플루리움)
전화 ㅣ 02-337-8958   팩스 ㅣ 031-556-8951
홈페이지 ㅣ www.bookeditor.co.kr
도서 문의(출판사 e-mail) ㅣ ahasaram@hanmail.net
내용 문의(지은이 e-mail) ㅣ suckgatap@hanmail.net
※ 이 책을 읽다가 궁금한 점이 있을 때는 지은이 e-mail을 이용해 주세요.

ⓒ 신지승, 2022
ISBN 979-11-86463-60-4
〈행복한미래〉 도서 번호 091

교육과정 재구성,
프로젝트 수업을 탐하다

| 신지승 지음 |

행복한미래

교육과정 재구성의 꽃은 프로젝트 수업이다

교사에게 가장 중요한 것은 무엇일까?

단연 '수업'일 것이다. 우리가 교사로서 학생들 앞에 서는 가장 큰 이유는 바로 수업을 하기 위해서다. 그래서 전문가로서의 교사를 말할 때 대부분 사람들은 '수업을 잘하는 사람'을 떠올릴 것이다. 수업은 교사 전문성을 완성하는 핵심이다.

"좋은 수업이란 어떤 것인가요?"

필자가 강의나 연수를 할 때면 자주하는 질문이다. 책을 읽는 독자들도 아래에 자기 생각을 한번 써 보자.

_____

여러 선생님들의 발표를 정리하면 대부분 다음과 같다.

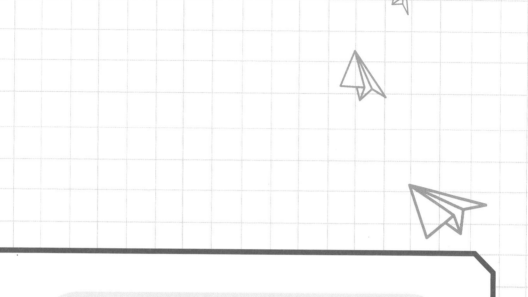

학생들의 전인적 성장, 삶과의 연계,

교사와 학생의 활발한 상호작용, 모든 학생들의 참여,

학생들의 흥미와 관심 반영, 학생들의 수준 차 고려…….

발표 내용을 정리한 후 교과서 – 교육과정 재구성 스펙트럼을 보여 주면서 다시 질문한다.

교과서 – 교육과정 재구성 스펙트럼

교과서 진도 나가기	교과서 재구성		교육과정 재구성
교과서 내용 그대로	교과서 차시, 내용 증감	성취기준으로 교과서 내용 변경, 차시 변경, 내용 증감	성취기준으로 수업 내용 재구성 **[프로젝트 수업]**

"좋은 수업을 하기 위해서

재구성 스펙트럼의 어느 부분을 활용하는 것이 효과적일까요?"

여러분은 어떤 선택을 했는가?

대부분의 선생님들은 '교육과정 재구성'이라고 답한다. 교과서 진도 나가기 수업이나 교과서 재구성 수업보다는 교육과정을 재구성한 수업을 통할 때 자기가 생각하는 좋은 수업에 좀 더 다가갈 수 있을 것이라고 한다.

교육과정 재구성 수업에는 토의토론 수업, 거꾸로 교실, 문제중심학습(PBL), 배움의 공동체 등 다양한 접근 방법이 있다. 하지만 필자는 교육과정 재구성 수업의 꽃은 '프로젝트 수업'이라고 생각한다. 프로젝트 수업은 교사의 자율성과 상상력을 최대로 발휘할 수 있게 해 줄 뿐만 아니라 학생들의 자발적인 참여를 통해 성취기준 도달에도 가장 효율적이라고 생각하기 때문이다.

즉, 교사들은 프로젝트 수업을 만들어 실행하면서 교육과정 문해력이라는 전문성을 마음껏 발휘할 수 있고 교사로서의 성취감과 만족감을 느낄 수 있다. 또한 학생들은 스스로 계획하고 친구들과 함께 문제를 해결하는 경험을 통해 성취기준에 효과적으로 도달할 뿐만 아니라 다양한 미래 역량도 함양할 수 있다. 많은 교사들이 교육과정을 재구성하면서 프로젝트 수업을 선택하는 것도 이와 같은 이유 때문이다.

　　이 책은 프로젝트 수업을 통해 교육과정 문해력과 교사 전문성을 키워 가고 있는 교사들의 이야기다. 아직 많이 부족하지만 우리들이 실천했던 프로젝트 수업 전략과 프로젝트 수업 사례가 프로젝트 수업에 도전하는 선생님들에게 도움이 되었으면 한다.

　　자, 그럼 프로젝트 수업으로 성장하는 우리 교사들을 꿈꾸며, 이야기를 시작한다.

차례

1부.
프로젝트 수업 전략, 교사와 교사가 함께 실천하다

2부.

참 좋은 열두 살, 프로젝트 수업으로 성장하다

3부.

프로젝트 수업 레시피: 수업에 일상을 더하다

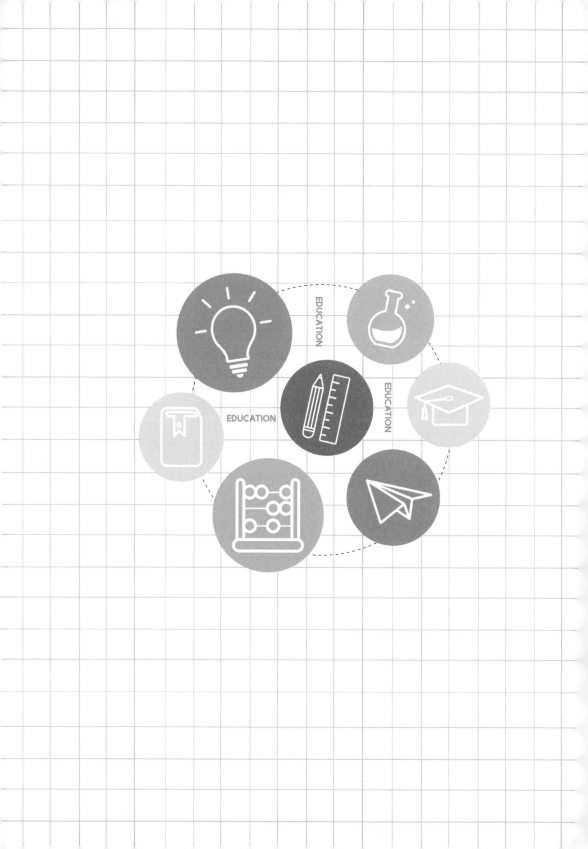

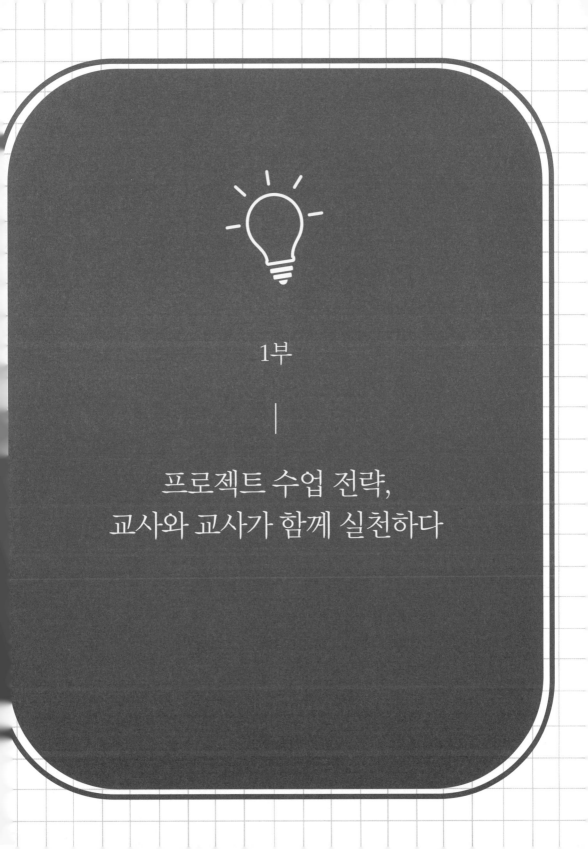

1부

—

프로젝트 수업 전략,
교사와 교사가 함께 실천하다

01
프로젝트 실천 전략, 큰 그림을 그리다

"프로젝트 수업을 계획했는데 시작을 어떻게 해야 할지 명확하게 모르겠어요."

주변을 보면 프로젝트 수업 계획을 짜 놓고도 선뜻 시작하지 못하는 선생님들이 많다. 다른 선생님들의 프로젝트 사례를 보면 근사해 보이는데 실제로 수업을 하려고 하면 어떻게 시작해야 할지, 어떻게 진행해야 할지 그리고 어떻게 마무리해야 할지 막막하기만 하다. 프로젝트 사례에는 이렇게 저렇게 하면 된다고 안내는 되어 있지만 정작 선생님들의 머릿속에서는 수업 장면이 명확하게 그려지지 않기 때문이다.

그럼 프로젝트 수업을 시작하기 위해서는 어떻게 하는 것이 좋을까? 사실 가장 좋은 방법은 프로젝트 수업을 직접 참관하는 것이다. 하지만 한두 시간이 아닌 프로젝트 수업의 전 과정을 참관하는 일이 그리 만만하지는 않다.

그렇다면 좀 더 현실적인 방법은 무엇일까? 그것은 바로 프로젝트 수업을 실천하는 실제 과정을 하나하나 알아보는 것이다. 즉, 두리뭉실하게 프로젝트 수업을 멀리서 바라보는 것이 아니라 프로젝트 수업의 구체적인 모습을 하나하나 자세히 살펴보는 것이다.

1부에서는 프로젝트 수업을 실천하는 방법을 구체적인 실제 과정에 따라 보여 주려고 한다. 프로젝트 수업의 실천 과정은 "Pre-프로젝트"의 '프로젝트 기본 학 습 능력 지도하기'를 시작으로 "프로젝트"의 '프로젝트 열기 – 활동 주제 실행하 기 – 결과 발표하기 – 프로젝트 닫기'로 이어진다. 여기에서 소개하는 방법은 필자 의 예시일 뿐이니 다른 좋은 방법이 있다면 그것을 활용하면 된다.

다만 한 가지 당부하고 싶은 것이 있다. 프로젝트 수업을 계획할 때와 마찬가지 로 프로젝트 수업을 실천할 때도 동료 교사와 함께하라는 것이다. 특히 같은 학교, 동학년 선생님들이 함께 프로젝트 수업을 계획하고 실천한다면 이것이야말로 프 로젝트 수업을 위한 가장 좋은 환경이라고 할 수 있다. 수업 자료 준비, 결과물 발 표회 준비 등 수업을 하기 위해 들이는 현실적인 부담도 줄일 수 있고 학년이 함께 하기 때문에 아이들도 일체감을 가지고 더 집중하면서 즐겁게 수업을 할 수 있다. 수업을 위해 교사들이 협력하는 모습은 프로젝트 수업을 하는 아이들에게 말 없는 가르침이 될 것이다.

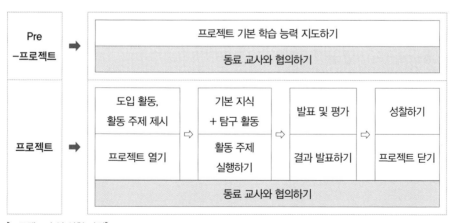

[프로젝트 수업 실천 과정]

프로젝트 수업을 실천하는 과정에서 꼭 기억했으면 하는 몇 가지가 있다.

첫째, 프로젝트 수업의 '전체 흐름'을 항상 확인해야 한다. 프로젝트 수업은 한 차시 수업이 아니라 호흡이 긴 수업이기 때문에 전체적인 맥락에서 현재 하고 있는 수업이 어느 위치에 있는지 그리고 자연스럽게 이어지고 있는지를 항상 확인해야 한다. 이런 프로젝트 수업의 흐름은 교사뿐만 아니라 학생들도 알고 있어야 프로젝트 수업이 자연스럽게 이루어질 수 있다.

둘째, 프로젝트 수업을 하는 내내 '유연성'을 가지고 수업이 살아 움직일 수 있도록 해야 한다. 개별 한 차시 수업도 원래 계획대로 하는 것이 힘든데 프로젝트 수업을 계획대로 착착 진행한다는 것은 너무 큰 욕심이다. 수업 시간, 수업 자료뿐만 아니라 수업 내용까지도 언제든지 수업의 맥락에 따라 변경하면서 교사와 학생이 함께 만들어 가는 수업을 해야 한다.

셋째, 모든 수업을 다 프로젝트로 진행해야 한다는 생각은 버려야 한다. 프로젝트 수업과 더불어 교과서 재구성과 같은 기존 방식의 수업을 함께 병행하면 된다. 즉, 프로젝트로 구성할 수 있는 수업은 프로젝트 수업으로, 그렇지 않은 수업은 교과서 등을 이용해 수업을 하는 것이다. 다만 학기당 프로젝트 수업을 몇 개 정도는 해 보겠다는 자기만의 목표를 가진다면 좋을 것이다.

자, 그럼 이제부터 교사와 교사가 함께 실천하는 프로젝트 수업의 구체적인 방법을 프로젝트 수업 실천 과정을 따라가면서 알아보도록 하자.

02. [프로젝트 수업 0단계]
프로젝트 수업 문화의 바탕, 기본 학습 능력을 장착하다

Pre -프로젝트	프로젝트 기본 학습 능력 지도하기
	동료 교사와 협의하기

학년 초가 되면 대부분의 선생님들은 본인이 꿈꾸는 학급 문화를 만들기 위해 자신만의 방법으로 학습 지도와 생활 지도를 한다. 한 해 동안 즐겁고 행복한 학급 살이를 위해 학년 초 학급 문화를 만드는 것이 중요하듯이 제대로 된 프로젝트 수업 실천을 위해서는 프로젝트 수업 문화를 만들어 가는 것이 필요하다.

대개 프로젝트 수업 문화의 특징을 꼽으라고 하면 배움을 위한 긍정적인 학급 분위기, 어려운 과제에 도전하는 성장형 사고방식, 교사에 의존하지 않는 독립성, 배움을 주도하는 탐구 문화, 협력과 포용 그리고 배려의 정신 등을 들 수 있다. 하지만 이러한 것들은 단시일 내에 지도하기 어렵다. 즉, 프로젝트 수업 문화는 1년의 학급살이를 통해 꾸준히 지도하면서 만들어 가야 하는 것이지 프로젝트 수업을 시작하기도 전에 갖춘다는 것은 현실적으로 불가능하다. 그렇기 때문에 학기 초 또는 프로젝트 수업을 시작하기 전에는, 이러한 프로젝트 수업 문화를 만들어 가기 위한 바탕인 '프로젝트 기본 학습 능력'에 초점을 맞추어 지도하는 것이 좋다. 프로젝트 수업을 위한 기본 학습 능력을 먼저 지도하면서 프로젝트 수업을 진행하고, 더불어 꾸준히 기본 학습 능력을 지도한다면, 앞서 언급한 프로젝트 수업 문화를 만들어 갈 수 있다.

이러한 프로젝트 기본 학습 능력에는 첫째, 기초 학습 능력인 발표와 경청, 둘째, 협력적 학습 능력인 모둠 활동, 셋째, 자기 주도적 학습 능력인 자료 조사 및 정리, 마지막으로 기초 정보화 기능인 한글 타자, 프레젠테이션 활용이 있다. 물론 여기에서 제시하는 프로젝트 기본 학습 능력은 프로젝트 수업을 위해서만 필요한 것이 아니라 모든 수업에서 필요한 것들이다. 다만 프로젝트 수업의 원활한 진행과 프로젝트 수업 문화 형성을 위해서는 프로젝트 기본 학습 능력을 사전에 그리고 지속적으로 지도하는 것이 필수적이다.

기초 정보화 기능	한글 타자, 프레젠테이션 활용
자기 주도적 학습 능력	자료 조사 및 정리
협력적 학습 능력	모둠 활동
기초 학습 능력	발표와 경청
프로젝트 기본 학습 능력	

기초 학습 능력: 발표와 경청

자기의 의견을 제대로 말하고 친구의 발표를 주의 깊게 듣는 것은 3월부터 꾸준히 지도해야 할 학습을 위한 가장 기초적인 능력이기도 하지만 교사들이 지도할 때 가장 힘들어하는 부분이기도 하다. 발표와 경청 지도의 기본은 발표하는 사람은 교사가 아니라 듣는 사람이 많은 쪽을 향해 모두 들을 수 있게 말하는 것이고 듣는 사람은 발표하는 사람을 바라보는 것이다. 이것은 프로젝트 수업을 포함한 모든 수업의 기본이기 때문에 꼭 습관이 될 때까지 지도해야 한다.

필자의 경우 발표와 경청은 서로에 대한 '배려와 존중'임을 강조한다. 선생님이 말할 때 잘 듣는 것은 선생님에 대한 배려와 존중이지만 선생님이 말할 때 잘 듣지 않거나 끼어들어 말하는 것은 선생님을 배려하지 않고 무시하는 것이라고, 선생님도 너희들이 말할 때 잘 들으면서 배려하고 존중할 것이라고 말한다. 물론 이렇게 한다고 해서 아이들이 배려와 존중을 바로 실천하기는 어렵지만 다른 방법보다는 아이들의 마음을 약간 움직이게 하는 것 같다.

협력적 학습 능력: 모둠 활동

모둠 활동의 수준은 프로젝트 수업뿐만 아니라 모든 수업의 질을 결정하기 때문에 교사의 세세한 관심과 지속적인 지도가 있어야 한다. 특히 프로젝트 수업은 모둠별로 협력해 문제를 해결하는 과정이 필수적이기 때문에 더더욱 모둠 활동을 잘 지도해야 한다. 모둠 구성과 모둠 활동을 위한 노하우는 이미 여러 책에 많이 나와 있으므로 여기에서는 모둠 활동의 수준을 향상시킬 수 있는 방법을 제시한다.

회의 진행 방법, 회의 시 의견 교환 방법, 역할에 따라 해야 할 일 등 모둠 활동을 위한 기본적인 것을 알려 주고 수업 시간에 2~3회 정도 모둠 활동을 한다. 이때 교사는 모둠 활동하는 것을 보면서 잘하는 모둠을 눈여겨봐 두었다가 이후의 모둠 활동을 할 때 그 모둠을 영상으로 촬영한다. 촬영한 영상을 아이들과 함께 보면서 모둠 활동의 방법을 다시 지도하면 말로 여러 번 지도하는 것보다 훨씬 효과적으로 모둠 활동의 수준을 높일 수 있다.

이와 함께 모둠 활동이 원활하지 못한 모둠의 활동도 촬영한 후 모둠 활동이 잘 이루어질 수 있도록 우리 모두 도움을 주자고 하면서 이야기를 나누는 것도 좋은 방법이 될 수 있다.

모둠 활동의 지도에서 가장 힘든 부분 중 하나가 무임승차를 어떻게 막느냐에 대한 것이다. 하지만 가만히 생각해 보자. 어른들도 모여서 일을 할 때 모든 사람들이 다 열심히 참여하지는 않는다. 그리고 많은 사람들이 다 열심히 한다고 해서 꼭 좋은 결과를 가져오는 것도 아니다. 각자가 잘할 수 있는 부분에서 다른 사람들에게 도움을 주면서 함께 협력해 나가면 되지 않을까.

자료를 조사하고 정리하는 것은 부족하더라도 말을 잘하는 아이는 발표를 멋지게 할 수 있고 꾸미기를 잘하는 아이는 발표 자료를 잘 꾸며서 도움을 줄 수 있는 것이다. 전체 프로젝트 속에서 그 아이가 전혀 아무것도 안 한다면 문제가 되겠지만 한 활동의 단면만을 보고 무임승차라고 판단하는 것이 과연 옳은 일일까? 모든 아이들은 프로젝트의 성공에 기여할 수 있는 각자의 강점과 재능을 가지고 있다는 생각을 하면 어떨까?

자기 주도적 학습 능력: 자료 조사와 정리

프로젝트 수업의 특성상 자료를 조사하고 정리하는 활동이 빈번하게 일어난다. 그렇기 때문에 교사마다 구체적인 지도 방법은 다를 수 있겠지만 아이들이 스스로 자료를 조사하고 정리할 수 있도록 학기 초에 지도해야 한다. 인터넷 검색, 책 활용, 전문가 인터뷰 등 자료 조사에 대한 구체적인 방법 및 정리 방법은 여러 교육 사이트나 책에 소개된 것 중 본인에게 맞는 것을 활용해 지도하면 된다.

다만 자료 조사의 경우, 인터넷으로 검색하는 것도 좋지만 책을 활용할 수 있는 환경을 제공해 주는 것이 더 좋다. 검색 방법을 잘 지도했다 하더라도 사실 아이들이 인터넷 검색으로 쓸 만한 자료를 바로 찾는다는 것은 여간 힘든 일이 아니다. 게다가 수준에 맞는 않는 용어, 정확하지 않은 내용 등으로 인해 잘못된 조사가 이루어질 수도 있어서 교사가 꼭 확인하고 피드백을 주어야 한다.

자료 조사를 위한 가장 좋은 방법은 책을 활용하는 것이다. 특히 어린이 책은 아이들의 눈높이에서 쓰기 때문에 용어도 이해하기 쉽고 내용도 정선되어 있어 아이들이 활용하기에 좋다. 수업 전 미리 관련 책들을 도서관에서 대여해서 학급에 비치해 두고 자유롭게 아이들이 사용할 수 있도록 한다면 자료 조사의 수준이 향상될 것이다.

자료 정리의 경우, 필자는 조사한 것을 정리할 때 재구성해서 쓰도록 지도한다. 인터넷이나 책에 있는 내용을 기계적으로 베끼지 않고 한 번은 읽어 보고 내용을 곱씹어 보게 할 뿐만 아니라 프로젝트 발표 자료 등을 만들 때 활용하기에도 훨씬 좋기 때문이다.

기초 정보화 기능: 한글 타자, 프레젠테이션 활용

과거에는 학교에서 타자 경연 대회, 정보 검색 대회 같은 것이 있었고 방과후 컴퓨터 교실 등을 통해 많은 학생들이 정보 관련 자격증을 따기도 했다. 덕분에 대부분 어느 정도 키보드를 통한 입력도 가능했고 인터넷 검색을 통해 정보를 찾는 기본 능력을 갖출 수 있었다.

하지만 스마트폰이 등장하고 나서 이런 학생들의 기본적인 능력이 사라지고 말았다. 우선 스마트폰으로 문자를 입력하다 보니 학생들은 키보드를 통해 문자를 입력하는 능력이 너무나 부족하고 이에 따라 한글 프로그램을 제대로 다루는 학생들이 전에 비해 많이 없다. 또한 파워포인트(PPT) 같은 프레젠테이션 프로그램도 거의 사용하지 못하는 실정이다. 디지털 세대라고 하지만 오히려 디지털을 제대로 활용하지 못하는 것이다.

프로젝트 수업에서는 다양한 형태의 발표 자료 준비와 탐구 활동을 위한 기본적인 정보화 기능이 필수적이다. 그렇기 때문에 학기 초부터 한글 타자, 간단한 프레젠테이션 제작을 비롯해 화면 캡처, 사진이나 그림 파일 저장, 간단한 한글 문서 작성, 영상 제작 프로그램 사용 등을 꾸준히 지도하는 것이 좋다.

그런데 이런 프로젝트 기본 학습 능력을 지도하기 위해 교사가 따로 시간을 내서 별도로 가르쳐야 한다면 프로젝트 수업을 하기는 더욱 힘든 일이 될 것이다. 따라서 프로젝트 기본 학습 능력을 지도하는 활동들을 평소 교육과정 안에 넣어서 가르치면 좋을 것이다. 여러 교과에 있는 관련 성취기준을 가져와서 3월은 기본 학습 능력과 수업 문화를 조성하기 위한 다양한 활동을 진행하면 어떨까? 이 책의 3부 프로젝트 수업 레시피에 있는 "5학년은 처음이라" 프로젝트는 이런 프로젝트 기본 학습 능력을 기르고 프로젝트 수업 문화를 조성하기 위해 만든 내용이니 참고하면 좋을 것이다.

프로젝트 열기: 프로젝트 수업의 첫 시작

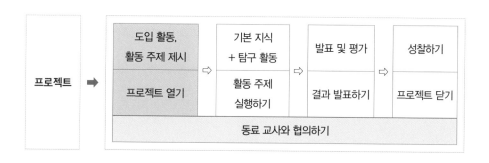

프로젝트 ➡	도입 활동, 활동 주제 제시	⇨	기본 지식 + 탐구 활동	⇨	발표 및 평가	⇨	성찰하기
	프로젝트 열기		활동 주제 실행하기		결과 발표하기		프로젝트 닫기
	동료 교사와 협의하기						

프로젝트 수업은 한두 차시의 짧은 수업이 아니라 긴 호흡의 수업이다. 짧은 한 차시의 수업에서도 첫 시작인 동기유발의 중요성을 강조하듯이 프로젝트 수업의 첫 시작 역시 전체 프로젝트의 진행에 큰 영향을 끼치기 때문에 중요하다.

프로젝트 수업의 첫 시작은 '프로젝트 열기'다. '프로젝트 열기'는 대개 한두 차시 정도로 진행하며 도입 활동, 활동 주제 제시하기가 주된 활동이다. 교사가 활동 주제를 안내하면 한 차시로, 학생들과 함께 활동 주제를 만들면 두 차시 이상으로 진행하는 것이 좋다.

프로젝트 수업의 첫 인상, 도입 활동

도입 활동은 학생들에게 비춰지는 프로젝트 수업의 첫인상이라고 할 수 있는데 학생들이 프로젝트 수업에 대한 의욕과 관심을 가지면서 프로젝트 주제를 자연스럽게 이끌어 낼 수 있도록 하는 것을 목적으로 한다.

스무 차시 정도의 프로젝트 수업을 진행한다고 했을 때, 첫 시작에서 학생들이 프로젝트에 흥미와 기대를 가지지 못한다면 이후의 수업은 어쩔 수 없이 해야 하는 또는 뭘 하는지도 모른 채 끌려가는 수업으로 전락할 가능성이 높다. 그렇기 때문에 프로젝트의 시작에서 어떻게 학생들의 마음에 불을 지필 것인가는 전체 프로젝트 수업의 성패를 가르는 중요한 부분이다.

도입 활동으로 가능한 것에는 다양한 형태의 동영상 자료를 활용한 활동, 현장체험학습, 실제 활동, 읽기 자료를 활용한 활동, 그림이나 사진 자료를 활용한 활동, 대회 개최를 통한 참여 등 여러 가지가 있을 수 있다. 필자가 실제 프로젝트 수업에 적용했던 도입 활동의 사례를 살펴보자.

■ 동영상 자료 활용 – 남대구 문화유산 탐험대

도입 활동으로 가장 많이 사용하는 것은 아마 TV 프로그램이나 영화 등의 동영상 자료를 활용한 활동일 것이다. '남대구 문화유산 탐험대' 프로젝트의 도입 활동은 유홍준 교수가 모 TV 프로그램에 나와 석굴암의 위대함에 대해 이야기하는 10분 정도의 동영상을 시청하는 것이었다. 이후 '석굴암이 저렇게 대단한 건지 몰랐다'는 아이들의 소감을 토대로 우리 문화유산에 대해 알아보자며 프로젝트 주제를 자연스럽게 이끌어 냈다.

■ 현장체험학습 – 우리 민족 대단해요, 남대구 문화유산 탐험대

현장체험학습은 대개 교과 수업과는 별개로 이루어지는 경우가 많은데 이런 현장체험학습을 프로젝트 수업과 연결시키는 것만으로도 훌륭한 도입 활동이 된다. 프로젝트 수업을 통해 조사하고 알게 된 내용을 잘 정리해서 현장체험학습을 멋지게 해 보자고 하면 대부분의 학생들은 수업에 관심과 의욕을 가진다.

■ 실제 활동 – 신(新)농사직설

아이들이 실제로 활동하는 프로젝트라면 별도의 도입 활동이 크게 필요하지도 않다. '신(新)농사직설' 프로젝트의 경우, 학교 텃밭에 여러 식물을 기르는 활동을 실제로 직접 할 것이라고 말을 하는 순간 아이들의 마음은 이미 불타고 있었다.

■ 인터뷰 영상 활용

다양한 인터뷰 영상을 통해 도입 활동을 하는 것도 좋다. 특히 학생들은 학년 선생님이나 수업을 들어오는 교과 선생님, 교장 선생님과 교감 선생님 등 교사 인터뷰 영상을 아주 좋아한다. 물론 가장 좋아하는 것은 담임 선생님의 깜짝 등장이다.

필자는 4학년을 대상으로 한 대구 역사에 대한 프로젝트인 '제1회 진천 대구 역사 박람회'를 진행하면서 4학년 선생님들과 동료 선생님들에게 대구 역사 인물과 문화재를 아는 대로 말해 달라고 한 인터뷰 영상을 활용했다. 선생님들의 대답은 처참했는데 선생님들도 잘 모르는 대구 역사 인물과 문화재를 공부해서 소개하는 박람회를 하자며 자연스럽게 주제를 도출했다.

활동 주제와 탐구 질문을 어떻게 제시할 것인가?

도입 활동을 통해 프로젝트에 대한 흥미를 가지게 하면서 프로젝트 주제를 자연스럽게 소개했다면 이제는 학생들에게 프로젝트의 세부적인 활동 주제와 탐구 질문을 제시해야 한다. 활동 주제와 탐구 질문을 제시하는 방법은 크게 교사가 직접 안내하는 것과 학생들과 함께 만드는 것으로 나눌 수 있다. 어느 쪽이 더 좋은 제시 방법일까?

교사가 일방적으로 활동 주제와 탐구 질문을 제시하는 수업은 진짜 프로젝트 수업이 아니기 때문에 학생들의 의견을 '필수'적으로 반영해야 한다는 의견도 있고, 학생들의 적극적인 참여는 수업에서 충분히 나타나기 때문에 활동 주제와 탐구 질문에서의 학생 참여는 없는 것보다는 있는 것이 더 좋다는 '권장' 또는 학생 참여는 해도 되고 안 해도 되는 '선택'이라는 의견도 있다.

활동 주제와 탐구 질문을 제시하는 면에서 학생 참여를 이야기할 때는 미국이나 영국의 교육과정과 우리나라 교육과정의 차이를 고려해야 한다. 미국이나 영국의 경우, 교육과정 편성에 대한 교사의 자율성이 높아 계획에서부터 학생들의 의견을 충분히 반영할 수 있지만 우리나라는 교육과정 자체가 너무 경직되어 있어 계획 부분에서는 학생들의 의견을 반영하는 것이 힘든 경우가 많다.

물론 학생들이 참여해 활동 주제와 탐구 질문을 만든다면 더 좋을 것이다. 하지만 우리나라는 교육과정 성취기준이 학년별로, 아니 실제적으로는 학기별로 정해져 있기 때문에 학생의 의견을 반영하는 것이 제한적일 수밖에 없다. 그렇기 때문에 무리해서 학생들과 함께 만들려고 하거나 억지로 학생들의 의견을 반영하기보다는 교사가 자연스럽게 제시하는 것도 나쁘지 않다고 생각한다. 필자의 경우, 학생들과 함께 만들기보다는 교사가 계획한 프로젝트 활동 주제와 탐구 질문을 그대로 안내하는 방법을 선호하는 편이다.

: 프로젝트 열기의 또 다른 활동들 :

1. 프로젝트 공책 표지나 속지 꾸미기

   수업 도입 활동과 활동 주제 제시하기를 하고 나서 간단하게 프로젝트 공책 표지를 만드는 것도 좋다. 40~50차시의 긴 프로젝트 수업은 프로젝트 공책 표지를(하나의 프로젝트에 공책 하나), 10~20차시 정도의 프로젝트는 프로젝트별로 속지를 만들면 된다(여러 프로젝트에 공책 하나). 필자의 경우 주로 아침 시간이나 쉬는 시간을 이용해 만들었다.

2. 궁금해요 붙이기

   프로젝트 열기를 하고 나서 생기는 궁금한 사항이나 수업 중 생긴 궁금한 사항은 포스트잇에 적어 '궁금해요' 게시판에 붙이게 했고 궁금한 점이 해결되면 '해결했어요' 게시판으로 옮기게 했다. '궁금해요'에 붙은 학생들의 의견 중 무리가 없는 것은 프로젝트 수업에 반영하는 것도 좋다.

04. [프로젝트 수업 2단계]
프로젝트 수업의 베이스캠프, 기본 지식이 중요하다

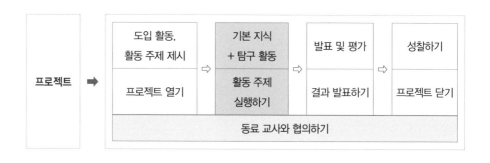

프로젝트 ➡	도입 활동, 활동 주제 제시	⇨	기본 지식 + 탐구 활동	⇨	발표 및 평가	⇨	성찰하기
	프로젝트 열기		활동 주제 실행하기		결과 발표하기		프로젝트 닫기
	동료 교사와 협의하기						

도입 활동으로 프로젝트 주제를 자연스럽게 이끌어 내고 활동 주제와 탐구 질문을 안내하는 '프로젝트 열기'로 수업을 시작했다면 이제는 '활동 주제 실행하기'를 통해 본격적인 프로젝트 수업으로 들어간다.

활동 주제는 프로젝트의 성격에 따라 서로 연속적으로 이어질 수도 있고 별개의 활동들로 구성되기도 한다. 교사는 활동 주제의 성격에 맞게 개별, 모둠, 전체 활동을 적절하게 활용하면서 프로젝트 활동을 위한 기본 지식을 가르치고 다양한 탐구 활동을 할 수 있도록 지도해야 한다. 이렇듯 '활동 주제 실행하기'의 핵심은 교사가 프로젝트 학습에 필수적인 기본 지식을 제대로 가르치고, 학생들이 스스로 탐구 활동을 해 성취기준과 프로젝트 목적을 달성하는 것이다.

기본 지식을 제대로 가르치는가?

'도대체 학생들은 이 프로젝트 수업을 통해서 무엇을 배웠는가?'

이 질문은 프로젝트 수업을 향한 여러 비판 중 가장 많을 뿐만 아니라 가장 핵심적인 것이다. 프로젝트 수업이라는 미명 아래 여러 가지 학생 활동에만 매달리면서 꼭 가르쳐야 할 중요한 기본 지식이 간과되는 경우가 너무나 많기 때문이다. 이에 따라 프로젝트 수업은 내용과 연결되지 않는 요란한 이벤트성 활동만 있고 배움이 없는 수업이라는 오해도 받는다.

하지만 모든 수업이 그렇듯이 프로젝트 '수업'의 토대는 기본 지식이다. 프로젝트를 제대로 수행하기 위한 바탕이 바로 기본 지식이기 때문이다. 이런 기본 지식을 바탕으로 할 때 또 다른 지식을 찾아 지식들의 관계성을 확인하고 새로운 의미를 생성해 낼 수 있는 탐구 활동을 제대로 할 수 있는 것이다. 그렇기 때문에 학생들이 기본 지식이 없는 상태에서 탐구 활동을 하는 것은 최악의 시간 낭비가 될 가능성이 높다.

프로젝트 수업에서도 '기본 지식'은 꼭 가르쳐야 한다. 즉, 프로젝트 관련 교과 성취기준들을 확인해 교과별로 가르쳐야 할 기본 지식을 정확히 파악하고 학생들에게 제대로 가르쳐야 하는 것이다. '프로젝트 수업'에서 '프로젝트'만 남고 '수업'이 사라지는 일은 없어야 한다.

프로젝트 수업에서 교사 강의를?

기본 지식을 제대로 그리고 짧은 시간에 효과적으로 가르치기 위해서는 프로젝트 수업에서도 교사가 직접 강의를 하거나 교과서를 이용한 수업도 필요하다. 또한 수업의 흐름과 성격에 따라, 학생들의 수준과 상태에 따라 학습지, 쪽지 시험, 숙제 같은 방법도 당연히 사용할 수 있다. 프로젝트 수업은 교사 강의, 교과서, 시험 등의 방법을 버리는 것이 아니라 학생 주도의 탐구 활동을 위해 그것들을 효과적으로 잘 활용하는 것이다.

프로젝트 수업은 교사와 학생이 함께하는 긴 호흡의 수업이다. 수업을 하다 보면 학생 중심의 탐구 활동을 통해 진행될 때도 있고 교사와 학생의 상호작용을 통해 이루어질 때도 있지만 교사가 주도하면서 이끌어 나가야 할 때도 있다. 따라서 프로젝트 수업의 한 부분만 보고 전체 프로젝트를 교사 중심이라고 판단하는 것은 옳지 않다.

기본 지식을 가르치는 여러 효과적인 방법 중 하나가 바로 교사 강의다. 학생 주도, 학습자 중심, 자기 주도라는 시대적 흐름 때문에 프로젝트 수업에서 교사가 직접 강의하는 것이 껄끄럽다면 이것 역시 프로젝트 수업에서 프로젝트만 남고 '수업'이 사라지는 일이 될 수도 있다.

가르칠 것은 확실하게 가르치기

교사는 프로젝트 수업을 진행하기 전에 수업을 통해 학생들이 알아야 할 지식을 명확하게 파악하고 지도 계획을 세워야 한다. 즉, 프로젝트 수업을 기획할 때 학생들에게 필요한 기본 지식이 무엇인지, 이 수업을 통해 가르치게 될 내용은 무엇인지를 파악하고 강의식으로 가르쳐야 할 것과 학생들이 경험을 통해 배울 것을 구분해 지도 계획을 세워야 하는 것이다.

교사가 강의식으로 기본 지식을 가르칠 때 교과서를 활용하는 것도 좋은 방법이다. 기본 지식과 관련된 차시를 전부 새롭게 재구성해 자료를 만들려고 하면 교사에게는 큰 부담이 된다. 이때 관련 교과서의 자료를 그대로 활용하거나 수정 보완해 활용하면 되는 것이다. 특히 교과서는 성취기준에 담긴 기본 지식이 일목요연하게 정리되어 있기 때문에 효과성뿐만 아니라 효율성도 좋은 자료다.

하지만 너무 기본 지식을 중요하게 생각해 교과 지식을 기초, 심화, 전이 단계의 지식으로 나누고 모든 것을 지식으로 풀어 가는 것 또한 프로젝트 수업답지 못하다. 프로젝트 수업의 중심은 기본 지식을 기반으로 한 학생 주도적인 탐구 활동에 있음을 기억해야 한다.

05. [프로젝트 수업 3단계]
프로젝트 수업의 핵심, 탐구 활동을 펼치다

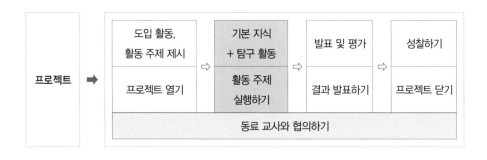

프로젝트 ➡	도입 활동, 활동 주제 제시	⇨	기본 지식 + 탐구 활동	⇨	발표 및 평가	⇨	성찰하기
	프로젝트 열기		활동 주제 실행하기		결과 발표하기		프로젝트 닫기
	동료 교사와 협의하기						

'활동 주제 실행하기'에서 교사는 프로젝트 탐구 질문을 해결하기 위해 기본 지식을 가르치고 다양한 탐구 활동을 지도한다. 앞서 프로젝트 수업의 토대인 기본 지식을 가르쳤다면 이제는 프로젝트 수업의 핵심, 탐구 활동을 본격적으로 시작한다. 하지만 꼭 지식을 먼저 가르치고 나서 탐구 활동을 진행하는 것은 아니다. 필요에 따라 기본 지식을 가르치는 것과 탐구 활동을 진행하는 것을 유연하게 구성해 적용하는 것이 좋다.

"프로젝트 수업 0단계"에서 살펴본 것과 같이 프로젝트 수업의 탐구 활동을 제대로 하기 위해서는 발표와 경청, 모둠 활동, 자료 조사 및 정리 그리고 프레젠테이션 활용 등 프로젝트 기본 학습 능력을 학기 초뿐만 아니라 1년 동안 꾸준하게 지도해야 한다. 이런 기본 학습 능력이 바탕이 될 때 스스로 그리고 함께하는 탐구 활동이 내실 있게 이루어질 수 있다.

프로젝트 수업의 핵심, 탐구 활동

프로젝트 수업에서 탐구 활동은 탐구 질문을 해결하는 가장 중심적인 활동으로 프로젝트 수업의 성패에 결정적인 역할을 한다. 탐구의 사전적 정의는 '필요한 것을 조사해 찾아내거나 얻어 냄'이지만 프로젝트 수업에서는 탐구의 의미를 조금 더 확장해서 바라보아야 한다.

프로젝트 학습에서 말하는 '탐구'는 탐구 질문을 해결하기 위한 모든 유목적적인 활동이다. 그렇기 때문에 활동 주제를 수행하면서 학생들이 조사하고, 정리하고, 예측하고, 토의·토론하고, 점검하고, 결정하고, 설명하고, 체험하고, 가설을 세우고, 인터뷰하고, 체험하고, 방문하고, 만들고, 노래하고, 실천하는 것 등을 모두 포함한다. 즉, 프로젝트 수업에서의 '탐구'는 '조사 및 연구 활동을 통해 탐구 질문에 대한 답을 찾는 과정'이라 할 수 있다.

흔히 프로젝트 수업을 무언가를 만들거나 체험하는 이벤트성 활동 수업이라고 비판하는 경우가 많다. 만들기와 체험하기의 활동이 프로젝트의 전체적인 맥락 속에 있지 않고 따로 떨어져서 별개의 활동으로 이루어진다면 그것은 프로젝트 수업이 아니라 이벤트성 활동 수업이 맞다. 하지만 만들기와 체험하기의 활동이 프로젝트 전체 맥락 속에서 탐구 질문을 해결하기 위한 과정이거나 탐구 질문을 해결한 결과로 이루어지는 것이라면 그것은 충분히 지적인 탐구 활동이 될 수 있다. 이처럼 탐구 활동을 판단할 때 중요한 것은 그 활동들이 탐구 질문을 해결하기 위한 것인지 아닌지의 여부다.

프로젝트 수업은 활동 주제에 담긴 탐구 질문을 해결하는 것을 목적으로 한다. 즉, 프로젝트 수업은 혼자 그리고 함께 탐구 질문을 해결해 가는 과정인 것이다. 또한 활동 주제에 담긴 탐구 질문을 해결하는 과정이 탐구 활동이다. 프로젝트 수업의 핵심은 바로 '탐구 활동'이다.

개인 탐구와 협력 탐구를 조화롭게

프로젝트 수업의 탐구 활동은 자기 주도적인 '개인 탐구'와 함께하는 '협력 탐구'로 나눌 수 있다. 탐구 활동은 프로젝트 수업의 주제와 목적에 따라 개인 탐구나 협력 탐구만으로 이루어질 수도 있고 개인 탐구와 협력 탐구를 병행해 실천할 수도 있다. 교사는 프로젝트 수업의 탐구 질문을 해결하기 위해서 학생들에게 어떤 형태의 탐구 활동을 진행할지를 잘 계획해야 한다.

대부분의 프로젝트 수업은 개인 탐구와 협력 탐구를 함께 활용하는데 아무래도 개인 탐구보다는 친구들과 다양하게 상호작용하는 협력 탐구가 중심이 되는 경우가 많다. 협력 탐구를 할 때 의사소통 능력, 인간관계 능력, 인성 등을 좀 더 효과적으로 기를 수 있을 뿐만 아니라 서로 가르치고 배우면서 성취기준 달성도 자연스럽게 이루어지기 때문이다. 하지만 학습이란 결국 개별적으로 이루어진다는 것을 꼭 기억해야 한다. 모든 학생들이 익혀야 할 기본 지식과 주요 내용은 반드시 개인 탐구 활동으로 이루어져야 한다.

이렇듯 개인 탐구와 협력 탐구를 함께 활용하는 프로젝트 수업을 계획할 때는 협력 탐구를 하기 전이나 한 후에 개인 탐구를 넣어서 개인 탐구와 협력 탐구가 조화롭게 이루어질 수 있도록 하는 것이 좋다.

프로젝트 수업의 완성, 피드백을 제공하다

프로젝트 수업의 가장 핵심이고 꽃이라고 할 수 있는 탐구 활동. 교사들은 프로젝트 수업을 구상하면서 학생들이 즐겁게 그리고 열심히 탐구 활동을 수행하는 모습을 꿈꿀 것이다. 하지만 실제 학생들의 모습은 그런 기대와는 다르게 형식적이고 피상적으로 활동하는 것처럼 보이기도 한다. 프로젝트 수업에 대한 교사의 고민이 깊어질 이때 우리는 무엇을 해야 할까?

수업 중 즉각적이고 적절한 피드백으로 성취기준에 도달시키는 것을 목적으로 하는 과정 중심 평가의 정신이 여기서 필요하다. 프로젝트 수업은 여러 차시에 걸쳐 이루어지는 긴 호흡의 수업이기 때문에 더더욱 활동 주제를 수행하는 과정에 대한 즉각적이고 적절한 피드백이 필요하다. 학생들이 무엇 때문에 활동에 어려움을 겪고 있는지를 파악해 바로 해결해 주지 않는다면 이후에 이어지는 활동들도 제대로 이루어지지 않을 가능성이 높기 때문이다.

이렇듯 교사의 지속적인 관찰과 적절한 피드백은 학생의 배움을 촉진하고 탐구 활동뿐만 아니라 프로젝트 수업의 전반적인 수준을 향상시키는 데 중요한 역할을 한다. 학생들에게 탐구 활동을 하라고만 하고 교사의 적절한 피드백이 없는 프로젝트 수업이라면 제대로 된 배움도, 탐구 활동도 이루어지지 않는다는 것을 꼭 기억해야 한다.

탐구 활동 본질에 적합한 피드백이 필요하다

프로젝트 수업에서의 피드백은 크게 두 가지로 나눌 수 있다. 하나는 프로젝트 수업을 원활하게 진행하기 위한 '진행 피드백'이고 또 다른 하나는 프로젝트 수업의 본질인 학생들의 탐구 활동을 촉진하기 위한 '탐구 피드백'이다.

프로젝트 수업은 긴 호흡의 수업이기 때문에 탐구 활동의 진행 정도 확인, 마감 시간 안내, 모둠 활동 방법 안내, 무임승차 학생 지도 및 학생 갈등 관리 등 프로젝트 수업을 순조롭게 이끌기 위한 진행 피드백은 필수적이다. 하지만 진행 피드백만 제공하고 탐구 피드백을 제공하지 않는 것은 학생들에게 그냥 알아서 활동을 하라고만 해 놓고 활동 내용과 수준에 대해서는 방치하는 것과 같다.

프로젝트 수업의 본질인 깊이 있는 탐구 활동을 제대로 하기 위해서는 학생 개개인의 배움과 탐구 과정에 초점을 두는 탐구 피드백을 중요시해야 한다. 즉, 학생들의 활동 모습을 관찰하면서 탐구 활동의 진행 정도를 파악하고 성취기준에 어느 정도 도달했는지를 확인해서 학생들의 수준과 필요에 적합한 피드백을 제공해야 한다.

이렇게 탐구 활동의 본질에 적합한 '탐구 피드백'을 통할 때 학생들은 성취기준에 도달할 수 있을 뿐만 아니라 프로젝트 탐구 질문을 바르게 해결하기 위한 수준 높은 탐구 활동을 할 수 있다.

탐구 피드백의 요모조모

학생들에게 적절한 탐구 피드백을 주고자 한다면 가장 먼저 교사는 학생들이 학습하는 모습을 세심하게 살펴야 한다. 특히 수업 시간 동안 교사의 눈은 온전하게 학생들을 향해 있어야 한다. 교사가 학생들이 개별로 그리고 모둠별로 활동하는 모습을 자세히 그리고 오랫동안 보고 있을 때, 학생들에게 필요한 도움이 무엇인지, 언제 도움이 필요한지, 도움을 받을 준비는 되었는지를 알 수 있고 학생들의 수준에 맞는 피드백을 적절하게 줄 수 있다.

한편 피드백을 제공하는 가장 이상적인 시점은 학생들이 도움이 필요하다는 사실을 깨닫고 요청해 올 때다. 학생들이 문제나 과제를 해결할 수 없을 때 교사가 바로 해결책을 제시하면 학생들의 탐구는 일어나지 않으며 다음에도 교사가 답을 줄 것이라 기대하기 때문에 자발성도 떨어진다. 따라서 교사는 학생들에게 답을 주기보다 단서를 주거나 질문을 해서 학생 스스로 과제나 문제를 해결할 수 있도록 도와주는 것이 좋다.

또한 모든 프로젝트에서 실시하기는 어렵겠지만 가능하다면 중간발표를 통해 이제까지 진행된 탐구 활동의 결과를 공유하면서 탐구 활동의 수준을 점검하고 향상시킬 수도 있다. 특히 중간발표는 교사 피드백뿐만 아니라 학생들끼리의 피드백을 통해 친구나 다른 모둠의 장점을 배우고 서로의 탐구 활동을 점검하는 아주 좋은 기회를 제공해 준다.

07. [프로젝트 수업 5단계]

프로젝트 수업의 시작과 끝, 결과물을 공개하다

프로젝트 ➡	도입 활동, 활동 주제 제시	⇨	기본 지식 + 탐구 활동	⇨	발표 및 평가	⇨	성찰하기
	프로젝트 열기		활동 주제 실행하기		결과 발표하기		프로젝트 닫기
	동료 교사와 협의하기						

　　기본 지식을 배우고 개인·협력 탐구 활동을 통해 프로젝트 탐구 질문을 해결하는 '활동 주제 실행하기'를 마쳤다면 이제 탐구 활동의 결과를 발표하고 평가하는 '결과 발표하기'로 넘어간다. 이 단계에서는 탐구 활동의 최종 결과물을 발표하면서 프로젝트 수업 전반에 대한 평가도 함께 이루어진다.

축하의 시간, 결과 발표

결과 발표는 '프로젝트 열기'에서 안내한 결과물을 '활동 주제 실행하기'의 탐구 활동을 통해 만들고 준비해 발표하는 것으로 전시회, 프레젠테이션, 공연, 발표회, 체험전, 박람회, 캠페인, 웹 사이트 게재 등 다양한 방식으로 이루어질 수 있다.

프로젝트 수업을 통해 긴 시간 동안 탐구하고 활동한 결과를 최종적으로 보여주는 결과 발표는 축하의 자리가 되도록 해야 한다. 우리는 성공을 통해서도 배우지만 실패를 통해서도 배운다. 프로젝트 탐구 활동이 제대로 이루어지지 않아 최종 결과물의 수준이 부족하더라도 학생들은 그 과정 속에서 이미 많은 것을 배웠을 것이다.

그런데 교사가 결과물의 수준에 집착해 직접적인 평가를 공개적으로 한다면 학생들은 결과 발표의 자리가 불편할 뿐만 아니라 프로젝트 수업 자체에 대해서도 부담감을 가지게 된다. 비록 결과물이 초라하더라도 긴 시간 동안 탐구 활동을 한 것에 대한 칭찬과 앞으로 더 잘하자는 격려를 통해 결과 발표의 시간은 서로서로 축하하는 자리가 되면 좋을 것이다.

또한 프로젝트 수업에서의 결과 발표는 가능하다면 학급이라는 테두리를 벗어나 다양한 형태로 공개하는 것이 좋다. 이런 공개적인 발표는 학생들이 프로젝트 수업에 책임감을 가지고 참여하게 할 뿐만 아니라 학습 동기를 높이는 장치가 되기도 한다. 필자의 경우 학부모 공개 수업 때 결과 발표를 한 적도 있고 학년 전체가 다른 학년 학생들을 대상으로 박람회나 발표회를 진행한 경우도 있으며 학교 주변 동네에서 캠페인을 벌인 경우도 있었다.

하지만 공개적인 발표는 학생들에게 칭찬과 격려라는 성공의 경험뿐만 아니라 마음의 상처도 줄 수 있다는 점을 염두에 두어야 한다. 최종 결과물의 수준이 다른 친구나 모둠에 비해 현저히 떨어진다는 것을 알면서 공개적인 발표에 참여해야 하는 학생들의 마음은 어떨까? 그렇기 때문에 교사는 '활동 주제 실행하기'를 할 때 지속적인 관찰과 피드백을 통해 일정 수준의 결과물이 나올 수 있도록 반드시 지도해야 한다.

또한 개별로 결과 발표를 할 경우, 발표를 많이 두려워하는 학생은 격려하고 응원할 수는 있지만 억지로 시키지 않는 것이 좋다. 다른 사람들 앞에 서서 직접 발표하는 것이 부담스럽다면 집에서 미리 발표 영상이나 녹음 파일을 준비해 소개하는 등 발표 방식을 다양하게 하는 것도 좋다. 프로젝트 수업의 핵심은 결과 발표가 아니라 탐구 활동이며 프로젝트 수업의 평가도 발표에 초점을 두는 것이 아니라 탐구 활동에 맞추어야 하는 것이다. 결과 발표하기의 두려움으로 인해 프로젝트 수업이 오히려 학생들에게서 멀어지게 되는 것은 바람직하지 않다.

성취기준 도달 여부를 확인하는 프로젝트 평가

결과 발표를 할 때 발표 내용 면, 매체 활용 및 준비 면, 음성 및 태도 면 등이나 산출물 적합도, 발표력, 경청 여부 등 세분화된 항목으로 교사 및 학생 평가를 진행하는 경우가 있다. 이와 더불어 프로젝트 수업을 통해 길러 주고자 하는 목표나 역량도 세부적으로 항목을 나누어 평가하곤 한다. 물론 프로젝트 수업의 효과를 알아보고 이후 좀 더 나은 수업을 위한 개선의 자료로 활용하기 위해 다양한 평가를 계획하는 것도 필요하다.

하지만 처음 수업을 시작한 지점을 항상 생각해 보아야 한다. 프로젝트 수업을 계획할 때 시작점이 되고 중심이 되는 것은 바로 '성취기준'이다. 프로젝트 수업의 평가 역시 성취기준에 근거해서 실시하는 것이 가장 기본이다.

결과 발표에서 하는 평가도 프로젝트 수업의 뼈대가 되는 성취기준 도달 여부에 대한 평가를 최우선적으로 해야 하고 가장 중심에 놓고 해야 한다. 프로젝트 수업의 목표와 역량, 발표 관련 평가는 필요에 따라 하면 되는 것이지 성취기준 도달 여부를 확인하는 평가보다 우선 되는 것은 바람직하지 않다.

또한 프로젝트 수업에 대한 평가를 할 때 성취기준을 학생들에게 미리 안내하는 것이 꼭 좋은 것만은 아니다. 왜냐하면 성취기준은 교사의 입장에서 쓰인 것이라 학생들이 이해하기에는 벅찬 것이 대부분이기 때문이다. 성취기준을 직접적으로 제시하기보다는 탐구 질문으로 안내해 탐구 질문을 해결하는 과정에서 자연스럽게 성취기준에 도달할 수 있도록 하는 편이 좋을 것이다.

08. [프로젝트 수업 6단계]
프로젝트 닫기: 성찰하다 그리고 공유하다

프로젝트 ➡	도입 활동, 활동 주제 제시	⇨	기본 지식 + 탐구 활동	⇨	발표 및 평가	⇨	성찰하기
	프로젝트 열기		활동 주제 실행하기		결과 발표하기		프로젝트 닫기
	동료 교사와 협의하기						

    프로젝트 수업의 마무리는 '프로젝트 닫기'다. '프로젝트 닫기'는 지금까지 학생들과 함께 한 프로젝트 수업을 되돌아본 후 성찰 일지를 작성하고 공유하는 것이 주된 활동이다. 이런 '프로젝트 닫기'는 프로젝트 수업을 마무리하는 단계이면서 또 다른 프로젝트를 시작하기 위한 발판이기도 하다.

프로젝트 되돌아보기

프로젝트 수업을 성찰하기 위해서는 먼저 지금까지 진행한 프로젝트 전체를 되돌아보는 시간이 필요하다. 프로젝트 수업은 짧게는 10여 차시, 길게는 40~50차시이기 때문에 '결과 발표하기'를 마치고 나면 앞서 진행한 수업의 세세한 모습은 기억이 나지 않는다. 이런 상태에서는 프로젝트 수업을 제대로 성찰하기 힘들다.

그래서 프로젝트 되돌아보기를 통해 프로젝트 수업에서 무엇을 했는지 다시 떠올릴 수 있도록 해야 한다. 즉, '프로젝트 열기'부터 '결과 발표하기'까지 지금껏 진행한 프로젝트의 활동 모습과 내용을 정리한 프레젠테이션 자료를 학생들과 함께 보면서 재미있었던 것, 힘들었던 것, 보람 있었던 것 등을 자유롭게 이야기 나누는 시간을 가지는 것이다. 또한 프로젝트 수업의 결과물들을 교실 뒤쪽 게시판 등에 게시해 놓으면 평소에 학생들이 보기도 하고 프로젝트 되돌아보기를 할 때도 유용하게 활용할 수 있다.

필자의 경우, 수업 틈틈이 학생들의 활동 모습과 학습 결과물들을 사진으로 찍어 두고 시간이 나는 대로 PPT나 프레지로 정리하는데 프로젝트 마지막 시간을 위한 수업 준비라고 생각하면서 거창하지 않게 있는 그대로 정리해 활용한다. 또한 교실 뒤쪽 게시판은 깨끗하게 비워 놓은 상태에서 프로젝트를 시작해 수업을 진행하면서 수업 결과물들을 차례대로 붙이며 채워 나간다.

성찰 일지 작성 및 공유

흔히 우리는 활동을 하면 곧바로 학습이 일어난다고 착각하는 경우가 있다. 하지만 우리가 무언가를 배우는 것은 활동을 통해서가 아니라 활동한 것에 대해 성찰

할 때다. 프로젝트 성찰하기가 필요한 것도 바로 이런 이유 때문이다.

프로젝트 성찰하기는 프로젝트 되돌아보기를 바탕으로 프로젝트 수업을 통해 배우고 느끼고 생각한 점들을 정리하는 시간을 갖는 것이다. 성찰 일지를 통해 우리가 프로젝트 수업을 통해 심어 주고자 했던 것들이 아이들에게 얼마나 자라났는지를 살펴볼 수 있고 프로젝트 자체에 대한 간단한 평가 문항을 통해 프로젝트를 개선시킬 수 있는 피드백을 학생들로부터 얻을 수도 있다.

성찰 일지의 형식은 학년에 따라 그리고 목적에 따라 자유롭게 구성해 사용하면 된다. 5~6학년의 경우 배운 것, 느낀 것, 반성 및 다짐 등을 자유로운 에세이 형식으로 쓰게 하는 것이 좋고 3~4학년 경우는 배운 것, 느낀 것, 반성 및 다짐을 각각의 항목으로 만들어 서술형 형식으로 쓰도록 하는 것이 더 좋다. 또한 필요에 따라 프로젝트 활동 주제에 대한 만족도 및 프로젝트 전체에 대한 만족도 등의 항목을 만들어서 학생들의 의견을 받을 수도 있다. 교사 역시 프로젝트 수업에 대해 소감이나 개선점 등을 중심으로 성찰 일지를 작성하는 것이 좋다. 이런 프로젝트 수업 결과에 대한 데이터는 다음 프로젝트를 위한 자료로 활용할 수 있다.

성찰 일지 작성이 끝났으면 간단하게 내용을 공유하는 시간을 가지는 것도 좋다. 이렇게 프로젝트 성찰하기를 통해 프로젝트 수업이 일반적인 수업과는 다르게 마무리된다는 생각을 줄 수 있고 또 다른 프로젝트를 시작하기 위한 다짐과 동기유발의 역할도 하게 된다.

프로젝트 수업, 구성주의와 지필 평가를 저격하다

프로젝트 수업, 구성주의를 저격하다

프로젝트 수업과 구성주의. 참 잘 어울리는 조합이다.

기존의 교육은 학자들이 발견한 지식을 구조화해 학생들에게 체계적으로 가르치는 객관주의적 관점에서 이루어졌다. 이때의 지식은 객관적이며 학생들이 외워야 할 절대 진리처럼 인식되었다. 반면 구성주의는 학습자가 그들 자신의 지식을 끊임없이 구성하며 교사, 또래, 학습 환경과의 교류를 통해 지식을 만들어 간다고 보는 관점이다. 구성주의적 관점에서의 지식은 변화 가능한 것이며 상대적이다.

흔히 프로젝트 수업의 이론적 근거로 제시하는 것이 바로 '구성주의'다. 프로젝트 수업은 구성주의에서 탄생했다는 것이다. 과연 그럴까?

존 듀이와 킬패트릭은 우리가 프로젝트 수업을 말할 때 항상 거론하는 학자들이다. 듀이가 실험학교를 운영한 것이 1896년에서 1904년이었고, 듀이의 제자인 킬패트릭이 'The Project Method'를 발표한 것이 1918년이었다. 그리고 구성주의 교육이 객관주의 교육에 대한 대안으로 등장하기 시작한 것은 1960년대 이후다. 즉, 피아제와 비고츠키의 연구가 인지적 구성주의, 사회적 구성주의로 분류되고 구성주의가 본격적으로 교육에 적용되기 시작한 것은 1960년대 이후인 것이다.

그런데 우리나라에 프로젝트 수업이 본격적으로 소개된 것은 1980년대 이후였다. 이 과정에서 프로젝트 수업이 1960년대 이후 새로운 대세로 떠오르던 구성주의 교육의 철학에 바탕을 두고 있다고 소개되었고 나중에는 결국 프로젝트 수업은 구성주의에 기인해 만들어졌다고 정리가 된 것이다.

하지만 어떻게 1910년대에 시작된 프로젝트 수업이 1960년대에 만들어진 구성주의에 의해 탄생할 수 있겠는가? 프로젝트 수업과 구성주의는 참 잘 어울리는 조합이지만 프로젝트 수업은 구성주의에서 탄생한 것이 아니라 구성주의가 지향하는 많은 특징을 가지고 있을 뿐이다.

프로젝트 수업, 지필 평가를 저격하다

프로젝트 수업과 지필 평가. 참 안 어울리는 조합이다.

흔히 프로젝트 수업은 학생들에게 자기 삶의 문제를 해결할 수 있는 경험의 기회를 제공하고 자기 삶의 문제를 능동적이고 적극적으로 해결할 수 있는 힘을 기르는 데 초점을 둔다고 한다. 이를 통해 통합적인 지식을 습득하고 다양한 역량을 함양한다. 그러므로 프로젝트 수업이 효과가 있는지를 판단하기 위해서는 통합적인 지식을 얼마나 습득했는지, 다양한 역량이 얼마나 길러졌는지를 서술형 문항 및 에세이, 관찰 등 다양한 방법을 통해 종합적으로 평가해야 한다.

하지만 우리는 대부분 객관식 문항으로 구성된 지필 평가의 결과로 프로젝트 수업의 효과를 판단한다. 그리고 지필 평가의 결과가 좋지 않을 경우 프로젝트 수업은 역시 '활동'만 하는 수업이라는 오명을 쓰게 된다.

물론 프로젝트 수업도 가르쳐야 하는 기본 지식은 확실히 지도해야 한다. 하지만 프로젝트 수업의 목적은 지식이 아니다. 4차 산업 혁명 시대를 살아가는 우리 아이들에게는 지식보다 역량이 더 중요하기 때문에 프로젝트 수업을 해야 한다고 하면서도 우리는 역량에 대해서는 관심이 없고 지식에만 관심이 있는 것 같다.

지식을 측정하는 지필 평가에서 좋은 점수를 받기 위해서 어떤 수업을 해야 하는지 우리는 잘 알고 있다. 하지만 우리가 프로젝트 수업을 하는 것은 그런 수업에서 벗어나기 위해서이지 않은가? 단순한 지식을 외우고 기억하는 것은 좀 부족하더라도 프로젝트 수업을 통해 우리 아이들은 지식을 통합적으로 구성하고 적용하는 경험을 하며 자기 삶의 여러 문제를 해결하는 과정에서 자기 주도적 학습 능력, 의사소통 능력, 협력적 문제해결력 등의 다양한 역량을 함양하게 되는 것이다.

프로젝트 수업과 지필 평가는 참 안 어울리는 조합이다. 이제는 지필 평가를 통해 간편하게 프로젝트 수업의 효과를 판단하고 싶은 유혹에서 과감히 벗어나야 한다.

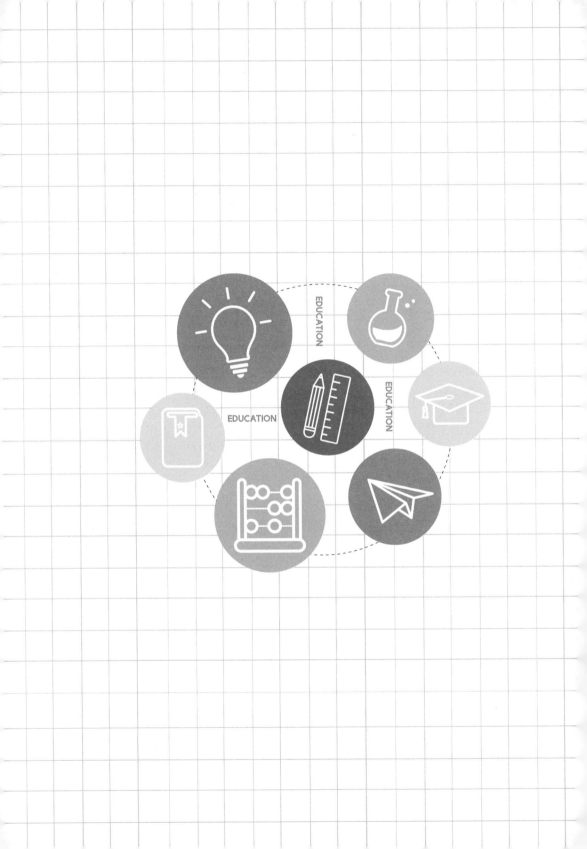

2부

—

참 좋은 열두 살,
프로젝트 수업으로 성장하다

00

'어떻게 프로젝트 수업을 실천했을까'가 궁금하다면?

2부는 그동안 실천했던 5학년 프로젝트 수업 계획과 실천 결과들을 정리한 것이다. 2016년부터 2021년까지의 결과이기 때문에 계획서 양식이나 구성, 수업 진행 면에서 조금씩 차이점이 있는데 개선을 위한 노력의 흔적이라고 생각해 주었으면 한다. 특히 남대구초등학교에서 실천했던 프로젝트에는 당시 학교 특색 교육의 일환으로 진행한 PBL(Problem-Based Learning: 문제중심학습)이 프로젝트 안에 들어가 있다.

"신(新)농사직설", "남대구 문화유산 탐험대", "우리 민족 대단해요"는 필자가 남대구초등학교에서 동학년 선생님들과 함께 계획하고 실천한 프로젝트다. 당시 남대구초등학교에서는 50차시 내외의 사계절 프로젝트 수업을 해야 했기 때문에 여기에 실린 사례들도 시수가 아주 길다. 프로젝트 전체보다는 활동 주제별로 살펴보면서 필요한 부분을 참고하는 것이 좋을 것이다.

"백년의 약속", "소나기 문학상", "하룻밤 두 날"은 참 좋은 연구회에서 함께 계획한 것을 2021년 성영미 선생님이 실천하고 기록한 프로젝트다. 프로젝트 수업의 시수를 15차시 내외로 해 선생님들이 조금은 편하게 접근할 수 있도록 했다.

실제 학년 교육과정을 짜고 정리하는 학년 연구 선생님들에게 도움을 주고자 교과서 단원 및 시수를 표시했고 평가도 성취기준별로 정리했다. 프로젝트 수업을 계획하고 실천하는 데 도움이 되었으면 한다.

01

신   농사직설: 생태 감수성을 키우다

:STEP1 프로젝트 설계하기

신(新)농사직설 프로젝트는?

불과 30~40년 전만 하더라도 아이들은 또래들과 함께 자연 속에서 뛰놀며 자랐다. 하지만 지금의 자연은 가족여행이나 현장학습을 통해 하루 정도 체험하고 마는 일회용이 되어 가고 있다. 시멘트로 둘러싸인 도시에서 살아가는 우리 아이들에게 무엇이 필요할까?

우리 아이들이 오감을 통해 정서적으로 자연과 교감하고, 자연과 생명을 사랑하며 소중히 여기는 경험을 통해 '생태 감수성'을 갖는 것이 필요하다고 생각했다. 이에 따라 학생들이 모둠 텃밭을 꾸미고 재배 계획을 세워 식물을 길러 보는 재배 및 탐구 활동을 하며 이를 통해 식물의 성장 과정을 이해하고 자연과 교감하면서 생태 감수성을 기를 수 있도록 할 것이다.

이처럼 '신(新)농사직설'은 식물을 길러 보는 활동과 식물 탐구 활동을 통해 '생태 감수성'을 길러 주기 위한 프로젝트다.

프로젝트 수업 한눈에 보기

배움	활동 주제	활동 및 내용	교과(시수)	
생태 감수성	열며	O '신(新)농사직설' 프로젝트 안내하기	창체 2	2
	1장 무엇을 키우는고?	O 아침 나들이 활동하기 O 내 친구 나무 관찰하기(전체 구조, 세포) O '무엇을 키우는고' 정하기 · 모둠별로 키울 식물 선택하고 텃밭 정리하기	과학 2 실과 4	6
	2장 어디서 키우는고?	O 모둠 텃밭의 넓이 구하기	수학 4	4
	3장 어떻게 키우는고?	O '어떻게 키우는고' 정하기 · 모둠별 재배 계획 세우기 · 재배 일지 작성 방법 알기, 식물 관리 방법 정하기 O 모둠별 식물 심기 O '어떻게 키우는고' 실천하기 · 재배 계획에 따라 식물 키우기 O 식물 박사 되어 보기 · 식물의 뿌리, 줄기, 잎, 꽃과 열매 알아보기 O 모둠별 재배 보고서 작성하기	과학 10 실과 3 국어 2 도덕 4 미술 4	23
	4장. 제작하라, 신(新)농사직설	O '제작하라, 신(新)농사직설' PBL 문제 제시하기 O 문제 해결 방안 모색하기 · 자료 조사 및 신(新) 농사직설 제작 계획서 작성하기 O 신(新)농사직설 완성하기 O 신(新)농사직설 반포식 및 평가	과학 4 국어 4	8
	닫으며	O '신(新)농사직설 만들기' 프로젝트 성찰하기	국어 2	2
계			45	

교과서 관련 단원 및 시수

교과	단원	시수	교과	단원	시수
과학	3. 식물의 구조와 기능	10	미술	10-1. 찰칵찰칵 사진작가가 되어 볼까요	4
	통합 탐구 활동	6			
실과	5. 생활속의 동 · 식물	7	도덕	3. 책임을 다하는 삶	4
국어	5. 대상의 특성을 살려	8	창체		2
수학	5. 다각형의 넓이	4			
계					45

평가

순	교과	성취기준	평가 문항	평가 방법
1	과학	식물의 전체적인 구조를 관찰하여 뿌리, 줄기, 잎, 꽃, 열매를 구별할 수 있다.	아침 나들이 활동을 통해 내 친구 나무를 관찰하여 전체적인 구조가 나타나게 그리는가?	프로젝트 공책 정리 평가
2		현미경으로 관찰하여 식물체는 세포로 이루어져 있음을 안다.	현미경으로 내 친구 나무의 식물 세포를 관찰하여 그리는가?	현미경 관찰 기록 평가
3		뿌리, 줄기, 잎, 열매의 기능이 서로 관련되어 있음을 이해한다.	'신(新)농사직설'에 뿌리, 줄기, 잎, 열매의 기능이 서로 관련되어 있음이 나타나는가?	'신(新) 농사직설' 작품 평가
4		뿌리의 지지, 흡수, 저장 기능을 이해한다. 줄기의 겉모양과 속 구조를 알고, 뿌리에서 흡수된 물이 줄기를 통해 각 기관으로 이동함을 이해한다. 잎의 기능인 증산 작용과 광합성을 이해한다. 꽃과 열매의 구조와 기능을 알고, 씨가 퍼지는 다양한 방법을 안다.	뿌리, 줄기, 잎, 꽃과 열매의 구조와 기능에 대한 바른 이해를 바탕으로 '식물 박사 탐구 노트'를 정리하는가?	식물 박사 탐구 노트 정리 평가

순	교과	성취기준	평가 문항	평가 방법
5	수학	간단한 평면도형의 둘레를 재어 보는 활동을 바탕으로 둘레를 이해하고 기본적인 평면도형의 둘레의 길이를 구할 수 있다. 넓이를 이해하고 1㎠와 1㎡의 단위를 알며 그 관계를 이해한다. 직사각형의 넓이를 구하는 방법을 이해하고, 이를 바탕으로 직사각형과 정사각형의 넓이를 구할 수 있다.	모둠 텃밭의 둘레의 길이를 재며 넓이 단위에 대한 이해를 바탕으로 모둠 텃밭의 넓이를 구하는가?	프로젝트 공책 정리 평가
6	실과	인간 생활 속에서 식물이 작물로 이용되는 중요성과 가치를 이해하고, 생활에 이용할 수 있는 식물의 종류와 이용 방법을 설명할 수 있다.	작물의 중요성과 가치, 식물의 종류와 이용 방법에 대한 이해를 바탕으로 모둠에서 재배할 식물을 선택하는가?	재배 식물 선택 과정 관찰 평가
7	실과	식물이 갖는 자원으로서의 가치 및 농산물의 생산·이용과 저탄소 녹색 성장과의 관계를 이해하고, 친환경적인 농산의 생산과 이용을 체험하고 실천할 수 있다.	식물 자원의 가치를 이해하며 친환경적으로 식물을 재배하는가?	식물 재배 관찰 평가
8	도덕	책임을 다하는 생활의 의미와 중요성을 알고 생활 속에서 실천하려는 마음을 기른다.	식물 관리 역할에 따라 책임감을 가지고 식물 관리를 실천하는가?	식물 재배 관찰 평가
9	미술	다양한 주제를 탐색하여 자유롭게 표현한다.	식물의 성장 모습이 드러나게 다양한 방법으로 사진을 찍는가?	사진 작품 평가
10	국어	적절한 방법을 사용하여 대상의 특징이 드러나게 글을 쓴다.	재배한 모둠 식물의 성장 과정과 특징이 드러나게 일지를 작성하는가?	재배 일지 평가
11	국어	적절한 방법을 사용하여 대상의 특징이 드러나게 글을 쓴다.	재배한 모둠 식물의 성장 과정과 특징이 드러나게 '신(新)농사직설'의 글을 쓰는가?	'신(新)농사직설' 작품 평가

열며(2차시)

신(新)농사직설 프로젝트 안내하기(2차시)

차시	활동 및 내용	관련 교과 및 시수
1-2/45	O'신(新)농사직설' 프로젝트 안내하기 · 활동 주제망 같이 확인하기 · 프로젝트 공책 표지 만들기 · '궁금해요' 판에 프로젝트에 대한 각자의 궁금증 붙이기	창체2

프로젝트 주제망 및 궁금해요 [그림 01]

프로젝트 공책 표지 [그림 02]

    신(新)농사직설 프로젝트는 농사직설을 만든 세종대왕에 대한 6컷 만화를 보면서 시작했다. 농사직설이 무엇인지를 이야기하고 우리도 식물을 재배해 보고 새로운 농사직설을 만들어 보는 프로젝트를 진행할 것이라고 했다. 식물을 직접 재배한다는 말에 아이들의 관심이 상당히 높아짐을 느꼈다.

    교실 뒤쪽에 만들어 놓은 활동 주제망을 같이 확인하면서 전체 프로젝트 흐름을 설명한 후 여름 프로젝트 공책 표지를 만들었다. 그리고 지금까지 들은 내용을 바탕으로 프로젝트에 대해 궁금한 점을 포스트잇에 적어서 붙였다. 붙인 내용 중 해결한 것들은 '해결했어요'로 옮기게 했고 새롭게 생긴 궁금한 점은 '궁금해요'에 붙이면서 프로젝트 수업을 진행했다.

1장. 무엇을 키우는고(6차시)

내 친구 나무 관찰하기(2차시)

차시	활동 및 내용	관련 교과 및 시수
3–4/45	○아침 나들이 활동하기 · 학교를 돌며 식물을 관찰하는 아침 나들이 활동하기 ○ 내 친구 나무 관찰하기 · 내 친구 나무 전체적인 구조 관찰하여 그리기 ★평가 1 · 내 친구 나무 현미경으로 세포 관찰하여 그리기 ★평가 2	창체2

아침 나들이 후 카페에 올린 글 [그림 03]

현미경으로 세포 관찰하기 [그림 04]

　　본격적으로 식물을 기르기 전 식물과 친해지는 것이 필요하다고 생각해서 프로젝트 시작 한 달 전부터 아침 나들이 활동을 실시했다. 아침 나들이 활동은 이경원 선생님이 하신 것을 변형해 진행했는데 우리 학교뿐만 아니라 인근에 있는 대구교대의 식물들을 두루 관찰하고 내 친구 나무를 하나씩 정하게 했다. 이후 1주일에 1~2회 정도 꾸준히 아침 시간 등을 이용해 학교 식물들과 내 친구 나무를 관찰하고 사진으로 찍어서 간단한 소감과 함께 학급 카페에 올려서 공유했다. 프로젝트를 시작하기 전까지 아침 나들이 활동을 했으며 시수로는 잡지 않았다.

이후 전체적인 구조(뿌리, 줄기, 잎, 꽃과 열매)를 생각하면서 내 친구 나무를 그리고 세포를 관찰해 실험관찰과 프로젝트 공책에 정리했다.(★평가 1, ★평가 2) 특히 세포 관찰할 때는 학교에 계신 과학실무원 선생님이 생물과 출신이어서 완벽한 샘플로 관찰하는 행운을 누렸다.

무엇을 키우는고 정하기(4차시)

차시	활동 및 내용	관련 교과 및 시수
5-8/45	O '무엇을 키우는고' 정하기 · 모둠별로 키울 식물 선택하기 ★평가 6 · 모둠 텃밭 정리하기 　- 모둠 풋말 만들기, 비료 주기, 땅 고르기 등	실과 4

모종 선택하기 [그림 05]

텃밭 정리하기 [그림 06]

모둠별로 재배할 모종을 선택했다. '모종시장'이라는 사이트에 각종 모종의 종류, 재배관리법이 잘 정리되어 있어서 활용했다. 사이트의 내용을 바탕으로 개인별로 기르고 싶은 식물 두 가지를 선택해 프로젝트 공책에 기록한 후 그것을 바탕으로 모둠 협의를 진행하여 모둠에서 기르고 싶은 식물 두 가지를 정하게 했다.(★평가 6)

이후 학교 건물 뒤쪽에 있는 텃밭을 정리했다. 비료를 주고 땅을 고른 후 모둠별로 구획을 나누게 했고 모둠 텃밭 푯말은 쉬는 시간을 이용해 만들도록 했다. 학교 텃밭 사용은 학기 시작 전 학교 협의회 시간을 통해 프로젝트 진행을 위해 1학기 동안에는 5학년에서 사용했으면 한다고 미리 안내를 했다.

2장. 어디서 키우는고?(4차시)

모둠 텃밭의 넓이 구하기(4차시)

차시	활동 및 내용	관련 교과 및 시수
9–12/45	○모둠 텃밭의 넓이 구하기 · 텃밭의 둘레 재어 보기　　　　· 넓이의 단위 알아보기 · 모둠 텃밭 넓이 구하기 ★평가 5	수학 4

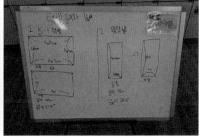

텃밭의 둘레 재기와 넓이 구하기 [그림 07] [그림 08]

'어디서 키우는고'는 학반 전체 텃밭과 모둠 텃밭의 실제 길이와 넓이를 구하는 활동이다. 실측한 길이는 4학년 때 배운 반올림을 활용해 간단하게 나타내어서 계산을 편하게 할 수 있도록 했다.

둘레의 길이와 넓이 구하는 방법, 단위 넓이는 교과서를 이용해 확실하게 지도했고 이후 텃밭을 통해 배운 것을 활용할 수 있게 했다. 길이와 넓이를 구하는 것은 먼저 모둠별로 협의해 구하게 한 후에 개별적으로 공책에 정리하게 했다.(★평가5)

3장. 어떻게 키우는고?(23차시)

어떻게 키우는고 정하기(3차시)

차시	활동 및 내용	관련 교과 및 시수
13-15/45	O'어떻게 키우는고' 정하기 · 모둠별 재배 계획 세우기 　– 심는 간격, 물 주는 양과 간격, 햇빛 등 조건을 달리해 　　재배 계획 세우기 · 식물 재배 일지 작성 방법 알아보기 　– 식물의 성장 모습 촬영하기 　– 식물의 성장 특징이 드러나게 일지 쓰는 방법 알기 · 식물 관리 방법 정하기 　– 역할 나누기(물 주기, 식물 모습 촬영, 일지 작성 등)	과학 3 (통합 탐구 활동)

재배 계획 협의하기 [그림 09]

모둠	식물종류	수량	주문량
얼음꽁꽁	옥수수	8개	10
빙수	감자	8개	10
뜨거운	딸기	10개	12
여름 모래	꽃상추	10개	12
바다 가는	수박	2개	3
날	고구마	18개	22
시원한	참외	13개	16
바람아	토마토	10개	12
불타는	참외	6개	8
아이들	방울토마토	8개	10

재배 계획서 작성하기 [그림 10]　　모둠별 모종 주문 수량 [그림 11]

과학 통합 탐구 활동을 활용해 심는 간격, 물 주는 양과 간격 등의 조건을 달리하면서 모둠별 재배 계획을 세웠다. 1차 재배 계획서를 작성한 후 교사의 피드백을 통해 2차 재배 계획서를 완성했다.

이후 식물 사진 찍기, 특징 드러나게 일지 쓰기 등의 재배 일지 작성 방법을 안내하고 모둠에서 재배를 위한 역할을 나누어 책임감을 가지고 실천할 수 있도록 안내했다. 식물 사진은 카페에 올리도록 해 신(新)농사직설 책자에 사용할 수 있게 했다.

모둠별로 재배 계획서가 완성됨에 따라 식물 모종을 모둠별로 필요한 만큼 주문했다. 아이들과 함께 장바구니에 담고 클릭을 한 후 함께 박수를 쳤던 기억이 새록새록 떠오른다.

모둠별 식물 심기(2차시)

차시	활동 및 내용	관련 교과 및 시수
16~17/45	○모둠별 식물 심기 · 재배 계획에 따라 조건 달리하여 식물 심기 · 물 주기와 텃밭 정리하기, 텃밭 푯말 세우기	실과 2

모둠별 모종 심기 [그림 12] [그림 13]

드디어 모종이 도착했다. 하지만 박스를 개봉하고 모종을 확인한 순간 얼어붙고 말았다. 모종의 상태는 아주 양호했으나 이름표가 붙어 있지 않았다. 도시에서만 살아온 필자에겐 이 모종과 저 모종을 구분할 수 있는 능력이 없었다. 결국 모종 사이트를 큰 화면에 띄어 놓고 신청한 모종 사진을 아이들과 같이 보면서 모종을 확인했다. 아이들에게도 심고 나서 혹시 다른 식물이 자라더라도 너무 놀라지 말자고 당부했다. 하지만 나중에 자란 식물들은 우리들의 수고를 헛되이 하지는 않았다.

모둠별 재배 계획에 따라 식물을 심었고 처음이라 학반 텃밭 전체에 물을 흠뻑 준 후 모둠별 텃밭 푯말을 세우는 것으로 재배 준비를 마쳤다.

어떻게 키우는고 실천하기(12차시)

차시	활동 및 내용	관련 교과 및 시수
18–29/45	○'어떻게 키우는고' 실천하기 · 재배 계획에 따라 식물 키우기 ★평가 7 · 재배 일지 작성하기 ★평가 9 ★평가 10 　– 성장 모습 촬영하기　　– 성장 특징 드러나게 일지 쓰기 · 책임감 가지고 식물 재배하기 ★평가 8 　– 식물 관리 역할에 따라 식물 재배 실천하기	과학 1 (3단원) 실과 1 국어 2 도덕 4 미술 4

식물 키우며 재배 일지 쓰기 [그림 14] [그림 15]

드디어 6주간의 재배를 시작하게 되었다. 1주일에 2시간씩 배정해 총 12시간으로 진행했다. 하지만 아이들은 그 서너 배의 시간을 텃밭에서 지낸 것 같다. 특히 토요일에도 물을 주겠다고 재배 계획을 세웠던 모둠의 경우, 한 주도 빼먹지 않고 물을 주고 재배 일지를 작성해 나를 놀라게 했다.

각 모둠은 재배 계획에 따라 식물을 키우면서 잎의 개수, 잎의 길이, 줄기의 길이, 식물의 전체 크기 등을 꼼꼼히 기록하고 재배 일지를 작성했다. 하지만 식물이 자라면서 잎과 줄기의 개수가 너무 많아져 아이들이 아주 힘들어해 4주차부터는 개수는 기록하지 않게 했다.

[그림 16] [그림 17]

[그림 18] [그림 19]

식물들이 자라는 모습

　식물들이 자라는 모습은 놀라움 그 자체였다. 어찌나 잘 자라는지 한 주 한 주의 자람에 너무 신기하기만 했다. 텃밭에 식물을 길러 보면서 교실에서 식물을 키우는 것이 식물에게 미안한 것이구나라는 생각마저 들었다. 특히 옥수수는 너무나 잘 자라는 모습에, 수박은 아기 수박의 앙증맞은 모습으로 우리들의 사랑을 듬뿍 받았다.

　2주 정도가 지난 후에는 재배 계획서를 수정할 기회를 주었다. 대부분의 모둠에서 물의 양을 늘렸고 물의 주는 횟수는 더 많게 수정했다. 하지만 아이들은 잘 몰랐을 것이다. 자기들이 주는 물은 아무것도 아니었다는 것을 말이다.

재배 계획에 따라 그리고 식물 관리 역할에 따라 식물을 재배하는 모습을 6주 동안 지속적으로 관찰했다.(★평가 7, ★평가 8) 또한 그 기간 동안 재배 일지 작성을 위해 찍은 다양한 식물 사진과 재배 일지에 기록된 내용도 꼼꼼히 확인했다.(★평가 9, ★평가 10) 물론 재배하는 하는 모습을 멀리서 관찰만 한 것이 아니라 모둠별로 사진 찍는 방법, 일지 쓰는 방법, 책임감을 가지고 식물 기르기에서 부족한 부분에 대해서는 꾸준히 그리고 적시에 피드백을 주었다.

식물 박사 되어 보기(3차시)

차시	활동 및 내용	관련 교과 및 시수
30–32/45	○식물 박사 되어 보기 ★평가 4 · 식물의 뿌리, 줄기, 잎 탐구하고 식물 박사 탐구 노트에 정리하기 　– 뿌리의 흡수 기능 실험하고 정리하기 　– 줄기 속의 물의 이동 실험하고 정리하기 　– 광합성과 증산작용 실험하고 정리하기 · 식물의 꽃과 열매 알아보고 　– 식물 박사 탐구 노트(프로젝트 공책) 정리하기	과학 3 (3단원)

잎, 줄기, 뿌리 실험하기 [그림 20]

6주 동안의 재배 기간 중간에 식물의 뿌리, 줄기, 잎의 기능을 알아보는 실험을 했다. 교과서에 나오는 내용을 바탕으로 뿌리의 흡수 기능, 줄기의 물의 이동, 잎의 광합성과 증산작용에 대한 실험을 진행하고 프로젝트 공책(식물 박사 탐구 노트)과 실험관찰에 내용을 정리했다. 꽃과 열매에 대한 부분도 과학 교과서와 실험 관찰을 활용해 지도하고 내용을 정리했다.(★평가 4)

모둠별 재배 보고서 작성하기(3차시)

차시	활동 및 내용	관련 교과 및 시수
33-35/45	O모둠별 재배 보고서 작성하기 · 달리한 조건에 따른 성장 자료 정리하기 · 탐구 주제 보고서 작성하기	과학 3 (통합 탐구 활동)

식물 재배 5주쯤 되었을 때 재배 보고서를 작성을 위해 재배 일지의 식물 성장 자료를 정리하도록 했다. 성장 결과를 정리하고 그래프로 나타내게 한 후 재배 보고서를 작성했다. 재배 보고서 양식은 6학년이 과학 시간에 작성한 탐구 보고서가 있어서 아이들이 참고할 수 있도록 했다.

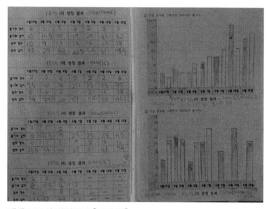

재배 보고서 작성하기 [그림 21]

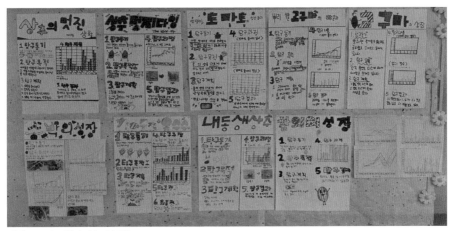

재배 보고서 작성하기 [그림 22]

4장. 제작하라, 신(新)농사직설 PBL(8차시)

차시	활동 및 내용	관련 교과 및 시수
36/45	○'제작하라, 신(新)농사직설' PBL 문제 제시하기 · 문제 확인하기 　　· 과제 수행 계획서 작성하기	과학 4 (3단원) 국어 4
37–39/45	○문제 해결 방안 모색하기 · 개별 문제 해결 방안 모색하기 　– 맡은 역할에 따라 자료 조사하기 · 팀별 문제 해결 방안 모색하기 　– 신(新)농사직설 제작 계획서 작성하기	
40–42/45	○결과 정리하기 ★평가 3　★평가 11 · 신(新)농사직설 목차 작성 및 자료 정리하기 · 신(新)농사직설 완성하기	
43/45	○결과 발표하기 및 PBL 평가 · 신(新)농사직설 반포식 및 관람하기 · PBL 평가하기	

문제 제시하기(1차시)

제작하라, 남대구 신(新)농사직설

멋진 남대구 5학년 어린이 여러분, 안녕하세요? 열심히 공부하는 여러분들의 모습을 옆에서 지켜보고 있는 교장 선생님입니다.

여름 프로젝트인 신(新)농사직설, 열심히 하고 있나요? 따가운 햇살과 미세먼지에도 불구하고 심은 식물을 가꾸기 위해 열심히 노력하는 여러분들의 모습에 교장 선생님은 감동을 받았답니다. 특히 토요일에도 학교에 나와 식물에게 물을 준다는 얘기를 듣고는 우리 5학년의 열정도 느껴졌습니다.

신(新)농사직설 프로젝트가 아주 재미있고 의미 있다는 5학년 선생님과 여러 학생들의 이야기를 전해 듣고, 교장 선생님은 내년에도 우리 학교에서 신(新)농사직설 프로젝트를 했으면 하는 생각이 들었습니다.

그래서 여러분들에게 도움을 청합니다. 우리 학교의 다른 선생님들과 후배들이 내년에 신(新)농사직설 프로젝트 2탄을 할 수 있도록, 올해 여러분들이 신(新)농사직설을 하면서 조사하고 측정한 자료를 잘 정리해서 어떻게 하면 식물을 잘 기를 수 있을지 자세히 알려 주면 좋겠어요.

세종시대에 만들어져 농사짓는 사람들에게 큰 도움을 준 농사직설처럼 여러분들도 앞으로 남대구에서 텃밭 기르기를 할 선생님과 후배들에게 큰 도움을 줄 수 있는 멋진 남대구 신(新)농사직설을 만들어 봅시다.

아래의 조건을 살펴보고 남대구에 길이 남을 멋진 남대구 신(新)농사직설을 만들어 주세요.

> 첫째, 재배 일지와 탐구 보고서 자료를 바탕으로 식물을 잘 기를 수 있는 재배 방법을 소개해 주세요.
> 둘째, 식물의 구조와 기능의 관련성이 드러나게 자료를 정리해 주세요.
> 셋째, 재배한 식물의 특징과 성장과정이 잘 드러나게 글을 써 주세요.
> 넷째, 책자, PPT나 한글 등 자유로운 형태로 신(新)농사직설을 제작해 주세요.

[제작하라, 신(新)농사직설 PBL 문제]

4장 제작하라, 신(新)농사직설은 PBL로 구성했다. PBL은 문제를 제시해 개별 학습과 협력 학습을 통해 문제를 해결할 수 있도록 하는 학습 방법이다.

먼저 '제작하라, 남대구 신(新)농사직설'이라는 PBL 문제를 제시하고 모둠별로 과제 수행 계획서를 작성하게 했다. 과제 수행 계획서는 PBL 문제를 보고 문제와 관련해 이미 알고 있는 것과 문제 해결을 위해 더 공부해야 할 것을 정리하고 각자 공부한 것을 분담하는 것이다.

과제 수행 계획서 작성은 PBL의 성패를 결정하는 중요한 부분이기 때문에 작성한 계획서에 대해 피드백을 주어 최종 과제 수행 계획서를 작성하도록 했다.

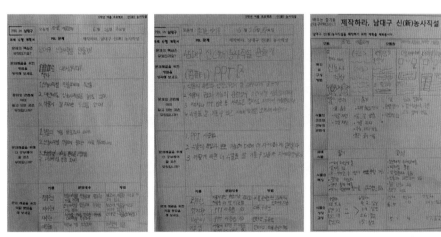

과제 수행 계획서 작성하기 [그림 23] [그림 24]   신(新)농사직설 제작 계획서 [그림 25]

문제 해결 방안 모색하기(3차시)

문제 해결을 위해 과제 수행 계획서에서 분담한 역할에 따라 각자 맡은 부분에 대해 조사하고 내용을 프로젝트 공책에 정리한다. 이후 각자 조사한 내용을 바탕으로 모둠 협의를 통해 신(新)농사직설 제작을 위한 계획서를 완성했다.

개별 조사한 내용과 신(新)농사직설 제작 계획서는 활동 중간중간에 확인해 적절하게 시간 조정도 하면서 내용에 대한 보충 및 수정을 할 수 있도록 했다.

결과 정리하기(3차시)

제작 계획서에 따라 신(新)농사직설의 목차를 정하고 재배 일지, 재배 보고서 등의 자료를 참고해 자료를 정리하면서 신(新)농사직설을 제작한다. 대부분의 모둠은 PPT로 제작했고 한 모둠은 책자로 제작했다.

PBL 문제의 조건으로 제시되었던 식물의 구조와 기능의 관련성 그리고 재배한 식물의 특징과 성장 과정은 완성된 신(新)농사직설 책자의 내용으로 확인했다.(★평가3, ★평가 11)

신(新)농사직설 제작하기 [그림 26] [그림 27]

결과 발표하기 및 평가(1차시)

신(新)농사직설 반포식 [그림 28] [그림 29]　　　　　　　　　　PBL 평가 [그림 30]

완성한 신(新)농사직설을 발표하는 반포식을 거행했다. 모둠별 발표를 하면서 자기 평가, 모둠 평가, 모둠간 평가 문항으로 구성된 PBL 평가를 실시했다.

닫으며(2차시)

차시	활동 및 내용	관련 교과 및 시수
44–45/45	○'신(新)농사직설 만들기' 프로젝트 평가하기 · 프로젝트에 관한 성찰 일지 쓰기	국어 2

'프로젝트를 닫으며'에서는 먼저 찍어 두었던 사진과 결과물들을 보면서 지금까지 진행했던 프로젝트를 되돌아보는 시간을 가진다. 이후 프로젝트 성찰 일지를 쓰는데 성찰 일지는 알게 된 점, 느낀 점 등을 위주로 에세이 형식으로 작성하게 했다. 다 작성한 후 시간이 남는 아이들 중에서 원한다면 간단한 그림이나 색을 이용해 꾸밀 수 있도록 했다.

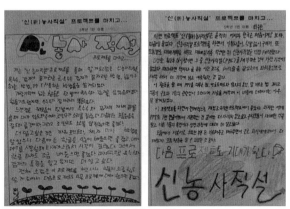

프로젝트 성찰 일지 쓰기 [그림 31] [그림 32]

남대구초등학교에서 실천했던 프로젝트 중 아이들이 가장 좋아했고 많이 기억했던 프로젝트이자 교사인 내가 가장 뿌듯했던 프로젝트가 바로 신(新)농사직설 프로젝트다. 필자는 2017년 4학년 담임을 한 후 2018년 5학년 담임을 했는데 5학년이 끝날 때 쯤 우리 반 아이들을 대상으로 4, 5학년에서 한 프로젝트 중 최고의 프로젝트를 선정했는데 1위에 오른 것이 바로 이 프로젝트다.

프로젝트를 진행하면서 아쉬웠던 부분은 통합 탐구 활동 익히기 부분이었다. 식물이 잘 자라도록 하기 위해 아이들이 정한 변인들은 물의 양, 물을 주는 시기가 대부분이었다. 재배를 시작하고 나서 한 달 뒤 쯤 알았는데 학교의 주사님이 매일 아침 일찍 텃밭에 물을 흠뻑 주신다는 거였다. 더군다나 재배하는 기간에 왜 그리 비는 자주 오는지, 변인 통제가 제대로 되지 않은 상태로 재배 보고서를 작성한 것이 되었던 것이다.

앞으로 이 프로젝트를 진행하고자 한다면 변인 통제를 제대로 할 수 있는 변인으로 제한하거나 아니면 통합 탐구 활동을 빼는 것이 좋을 것이다.

[그림 33]

프로젝트를 끝낸 뒤 재배한 식물들을 수확해 농사직설 미식회를 열었다. 아이들이 수확한 오이, 상추, 가지 등을 씻고 잘라서 나누어 주고 필자가 가져온 스팸을 구워서 함께 나누어 먹으면서 즐거운 점심시간을 보냈다.

신(新)농사직설 프로젝트는 개인적으로 너무나 좋았기 때문에 2015 교육과정에 맞추어 다시 실천하고 싶었다. 그래서 참 좋은 연구회 회원들과 함께 30차시 정도로 계획한 것이 실려 있으니 참고하기 바란다.

신(新)농사직설 프로젝트는 2018학년도 남대구초등학교에서 정선우 선생님과 함께 계획해 실천한 프로젝트다.(2009 교육과정)

[그림 34]

남대구 문화유산 탐험대: 문화를 알고, 느끼고, 보다

:STEP1 프로젝트 설계하기

남대구 문화유산 탐험대 프로젝트는?

"우리나라는 전 국토가 박물관이다."

수천 년의 역사가 좁은 땅덩이에 켜켜이 쌓인 우리나라는 국토 어디를 가더라도 수많은 문화유산을 만날 수 있다. 하지만 문화유산의 참모습과 참된 가치를 제대로 알고 즐기며 살아가는 사람이 얼마나 될까? 우리 아이들에게 이런 국토박물관의 아름다움을 느끼게 하기 위해서는 무엇이 필요할까?

"인간은 아는 만큼 느끼며, 느낀 만큼 본다."

우리 아이들이 문화유산에 대해 알고, 아는 것을 바탕으로 현장체험학습을 통해 문화유산을 느끼며 이를 통해 문화유산을 볼 수 있는 안목과 '문화적 자긍심'을 갖게 하는 것이 필요하다고 생각했다. 이를 위해 학생들이 다양한 역사 탐구 활동과 문화유산 독서 활동으로 우리나라 문화유산에 대해 알고, 아는 것을 바탕으로 한 현장체험학습으로 문화유산을 느끼며 이를 통해 우리나라 문화유산의 아름다움과 문화의 역사적 흐름을 이해하는 안목과 문화적 자긍심을 기르도록 할 것이다.

이처럼 '남대구 문화유산 탐험대'는 우리나라 문화유산에 대한 글 읽기를 기반으로 다양한 역사 탐구 활동과 현장체험학습을 통해 '문화적 자긍심'을 길러 주기 위한 프로젝트다.

프로젝트 수업 한눈에 보기

배움	활동 주제	활동 및 내용	교과(시수)	
문화적 자긍심	열며	○'남대구 문화유산 탐험대' 프로젝트 함께 만들기	국어 2 창체 1	3
	슬기로운 선사생활	○선사시대의 생활 모습 알아보기 ○슬기로운 선사인 되기 · 선사시대 도구 제작하기	사회 4	4
	남대구 문화유산 답사기 -공주, 경주편	○공주 알기 1: 문화재로 알아보는 삼국의 생활 모습 ○공주 알기 2: 답사기 읽고 내용 요약하기 ○공주 느끼기: 공주 현장체험학습 ○공주 보기: 나의 공주 문화유산 답사기 쓰기	사회 6 국어 16 창체 4 [공주 14, 경주 12]	26
		○경주 알기 1: 문화재로 알아보는 통일신라와 발해의 　　생활 모습 ○경주 알기 2: 답사기 읽고 내용 요약하기 ○경주 느끼기: 경주 현장체험학습 ○경주 보기: 나의 경주 문화유산 답사기 쓰기		

배움	활동 주제	활동 및 내용	교과(시수)	
	Corea! Korea!	○Welcome to Corea · 고려시대 대외 관계 정리하여 소개하기 ○Made in Korea · 불교로 알아보는 고려시대 문화 · 우리가 소개하는 Made in Korea(금속 활자, 청자 등)	사회 8	8
	세종이 꿈꾸는 나라	○우리가 소개하는 세종시대 문화와 과학 ○우리가 찾은 세종의 꿈	사회 4	4
	남대구 문화유산 답사기 −안동편	○안동 알기 1: 체험으로 알아보는 조선의 신분제도 ○안동 알기 2: 답사기 읽고 내용 요약하기 ○안동 느끼기: 안동 현장체험학습 ○안동 보기: 나의 안동 문화유산 답사기 쓰기	사회 4 국어 6 창체 2	12
	제작하라, 남대구 문화유산 탐험 책자	○'제작하라, 문화유산 탐험 책자' PBL 문제 제시하기 ○문제 해결 방안 모색하기 · 자료 조사 및 문화유산 탐험 책자 제작 계획서 작성하기 ○남대구 문화유산 탐험 책자 완성하기 ○남대구 문화유산 탐험 책자 발표 및 평가	미술 5	5
	닫으며	○'남대구 문화유산 탐험대' 프로젝트 성찰하기	국어 1	1
계			63	

교과서 관련 단원 및 시수

교과	단원	시수	교과	단원	시수
사회	1. 우리 역사의 시작과 발전	16	국어	2. 견문과 감상을 나타내어요	9
	2. 세계와 활발하게 교류한 고려	10		4. 글의 짜임	8
	3. 유교 문화가 발달한 조선	8		10. 글을 요약해요	8
미술	12−1. 우리나라 미술의 발자취를 따라가 볼까요?				4
계					63

평가

순	교과	성취기준	평가 문항	평가 방법
1	사회	선사시대 사람들의 생활 모습을 대표적인 유물과 유적을 중심으로 파악한다.	그림 자료를 보고 구석기시대와 신석기시대의 생활 모습을 유물과 유적을 중심으로 정리하는가?	학습지 정리 평가
2		유물과 유적을 통해 삼국, 통일신라와 발해 시기의 사람들의 생활 모습을 파악한다.	삼국, 통일신라와 발해의 문화재를 보고 문화의 특징과 생활 모습을 정리하는가?	프로젝트 공책 정리 평가
3		주변 국가와 활발한 교역 및 문화 교류가 이루어졌음을 사례를 통해 이해한다.	고려의 교역 및 문화 교류 등 고려 시대 대외 관계를 비주얼 씽킹으로 정리하는가?	프로젝트 공책 정리 평가
4		금속 활자, 청자, 팔만대장경, 불교 미술 등을 통해 고려 시기의 과학과 생활, 문화를 파악한다.	모둠이 선택한 주제를 조사해 고려 시기의 과학과 생활, 문화를 파악해 발표하는가?	발표 장면 구술 평가
5		세종시대에 이루어진 대외 관계와 문화, 과학 분야에서 여러 성과를 탐구한다.	세종시대에 이루어진 문화, 과학 분야에서의 여러 성과를 비주얼 씽킹으로 정리하는가?	학습지 정리 평가
6		유교적 신분 질서 아래 양반과 중인, 상민, 천민의 생활 모습을 파악한다.	양반, 중인, 상민, 천민의 역할 체험하기를 통해 유교적 신분 질서 아래 생활 모습을 정리하는가?	체험 활동 관찰 평가 및 프로젝트 공책 정리 평가
7	국어	견문과 감상이 잘 드러나게 글을 쓴다.	기본 문장 성문의 호응 관계가 적절하며 견문과 감상이 드러나게 나의 문화유산 답사기를 쓰는가?	답사기 글쓰기 평가
8		국어의 기본적인 문장 성분을 이해하고 성분 사이의 호응 관계가 올바른 문장을 구성한다.		
9	국어	글의 짜임에 따라 글 전체의 내용을 요약한다.	유홍준의 나의 문화유산 답사기를 내용을 추론하며 읽고 글의 짜임에 따라 내용을 요약하는가?	프로젝트 공책 정리 평가
10		내용을 추론하며 글을 읽는다.		(공주, 경주, 안동)

순	교과	성취기준	평가 문항	평가 방법
11	미술	우리나라의 시대별 대표적인 작품을 찾아보고 문화적 전통의 흐름을 이해한다.		탐험 책자 작품 평가

:STEP2 프로젝트 실천하기

열며(3차시)

남대구 문화유산 탐험대 프로젝트 함께 만들기(3차시)

차시	활동 및 내용	관련 교과 및 시수
1-3/63	○'남대구 문화유산 탐험대' 프로젝트 함께 만들기 · 동영상 보며 소개하고 싶은 문화유산 이야기 나누기 · 교과서 보며 시대별 문화와 문화유산 정리 및 유목화하기 · 모둠별 활동 주제망 작성 및 발표하기 · 교사와 학생이 함께 프로젝트 계획 세우기 · 활동 주제망 그리기 및 궁금한 사항 붙이기	국어 2 창체 1

교과서 보며 관련 단원 및 내용 찾기 [그림 01]

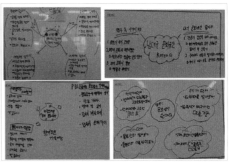

모둠별 프로젝트 주제망 만들기 [그림 02]

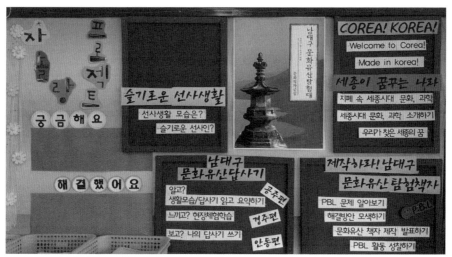

프로젝트 주제망 및 궁금해요 [그림 03]

　　남대구 문화유산 탐험대 프로젝트는 아이들과 함께 주제망을 만드는 것으로 시작했다. 먼저 유홍준의 문화유산 관련 강의 동영상을 보고 난 후 자기가 소개하고 싶은 문화유산을 프로젝트 공책에 적고 발표하도록 했다. 그리고 이번 프로젝트는 '문화적 자긍심'을 키우기 위한 것이라고 설명하며 교과서에서 문화적 자긍심과 관련된 단원 및 내용을 찾아 정리하게 했다. 정리한 내용을 바탕으로 모둠별로 프로젝트 활동 주제망을 작성해 발표하게 한 후 내가 준비한 주제망에 아이들의 의견을 반영해 프로젝트 주제망을 완성했다.

　　필자의 경우 프로젝트 활동의 성격에 따라 교사가 주제망을 정해 주고 주제망 안에서 아이들이 자유롭게 내용을 선택하고 활동하게 하는 프로젝트와 교사와 학생이 함께 주제망을 만들어서 활동하는 프로젝트 등 다양한 형태의 프로젝트를 함께 진행하고 있다.

　　이후 프로젝트에 대해 궁금한 것을 '궁금해요'에 붙이고 프로젝트 공책 표지를 만들었다.

슬기로운 선사생활(4차시)

선사시대의 생활 모습 알아보기(2차시)

차시	활동 및 내용	관련 교과 및 시수
4–5/63	○선사시대의 생활 모습 알아보기 · 선사시대의 연표 그리기 · 그림 자료로 구석기 시대와 신석기 시대의 생활 모습 찾기 · 하얀 거짓말 활동으로 내용 정리하기 ★평가 1	사회 2

역사 연표 그리기 [그림 04]

하얀 거짓말로 내용 이해하기 [그림 05]

슬기로운 선사생활은 역사 연표 그리기 활동을 통해 선사시대가 얼마나 긴 역사를 가지는지를 눈으로 확인하면서 시작했다. 이후 교과서의 그림 자료를 활용해 구석기와 신석기 시대의 생활 모습을 찾아 개별적으로 공책에 정리하고 이를 바탕으로 하얀 거짓말 활동을 하며 내용을 이해할 수 있도록 했다.

하얀 거짓말 활동은 요즘 유행하는 진진가 게임과 비슷한데 '다음 중 구석기 시대와 관련이 있는 것은?'이라는 문제를 내고 보기 중 관련이 없는 하얀 거짓말을 맞히는 활동이다. 포스트잇 두 장을 나눠 주고 각각에 문제를 하나씩 낸다. 이후 교실에서 일어나 돌아다니면서 두 명이 만나서 문제 대결을 하는데 서로 문제를 한 번씩 내서 맞히면 그 문제의 포스트잇을 얻고, 맞히지 못하면 포스트잇을 얻지 못한다. 자기가 가진 포스트잇이 다 없어지면 자기 자리가 가서 앉도록 했는데 절반

이상의 학생들이 앉게 되면 활동을 끝내고 각자 가지고 있는 포스트잇을 큰 화이트보드에 구석기와 신석기 문제로 나누어 붙이게 하면서 활동을 마무리했다.

하얀 거짓말 활동이 끝난 후 구석기시대와 신석기시대의 생활 모습을 학습지에 최종적으로 정리했다.(★평가 1)

슬기로운 선사인 되기(2차시)

차시	활동 및 내용	관련 교과 및 시수
6–7/63	O슬기로운 선사인 되기 · 도전, 선사시대의 도구 알아보기 · 뗀석기와 간석기 제작 계획 세우기 및 제작하기	사회 2

협동하는 선사인들 [그림 06]

선사 유물 전시관 [그림 07]

선사시대의 쓰인 도구를 PPT 자료로 자세히 소개한 다음, 자기가 만들고 싶은 도구를 선택해 제작 계획을 세우도록 했다. 사용할 돌은 미리 구해 올 수 있도록 했고 석기 제작을 할 때는 장갑을 꼭 끼고 안전에 유의하도록 했다.

아이들은 힘들어하기도 했고 협동하기도 하면서 어설프지만 나름 멋진 석기를 만들었고 교실 한 켠에 '선사 유물 전시관'이라는 이름을 붙여 만든 석기들을 전시를 했다.

남대구 문화유산 답사기 – 공주편(14차시)

공주 알기 1 – 문화재 탐구 활동(2차시)

차시	활동 및 내용	관련 교과 및 시수
8–9/63	○공주 알기 1: 문화재로 알아보는 삼국의 생활 모습 · 사국의 문화재 나누고 사국 문화의 특징 정리하기 ★평가 2 · 삼국의 막새기와 특징에 따라 분류하기	사회 2

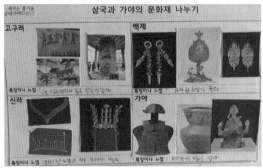

사국 문화재 나누기 [그림 08]

삼국의 수막새 나누기 [그림 09]

PPT 자료로 고구려, 백제, 신라, 가야의 무덤과 문화재에 대해 간단히 설명한 후 사국의 문화재 사진이 있는 학습지를 개별로 주면서 사진을 잘라 나라별로 분류를 하고 문화재들의 특징이나 느낌을 쓰게 했다. 이후 모둠별로 모여 문화재를 분류한 것과 나라별 특징, 느낌에 대해 협의를 진행했다. 문화재의 나라를 맞추는 것이 중요한 것이 아니라 왜 그 나라의 문화재라고 생각했는지에 중점을 두고 이야기를 나누게 했다. 필자의 경우 정답을 공개하지 않았다.

이후 교과서에 요약되어 있는 내용을 보면서 각 나라의 문화재와 문화의 특징을 프로젝트 공책에 정리하게 했고(★평가 2) 이를 바탕으로 하얀 거짓말 활동을 하며 삼국의 문화를 복습했다. 마지막으로 삼국의 수막새 여섯 개를 나누어 주고 지금까지 배운 내용을 토대로 고구려, 백제, 신라로 나누어 보게 했다. 이 역시 정답을 공개하지 않았다. 사실 섞어 놓으니 필자 역시 쉽게 맞히기가 어려웠다.

※ 수막새 분류 활동은 이관구 선생님의 《초등한국사! 진짜 역사수업을 말한다》의 자료를 활용했다.

공주 알기 2 – 답사기 읽기(2차시)

차시	활동 및 내용	관련 교과 및 시수
10–11/63	O공주 알기 2: 답사기 읽고 내용 요약하기 · 내용을 추론하며 글을 읽는 방법 알아보기 · 글의 짜임에 따른 내용 요약하는 법 알아보기 · 내용 추론하며 '나의 문화유산 답사기–공주' 읽기 ★평가 10 · 글의 짜임을 생각하며 답사기 내용 요약하기 ★평가 9	국어 2

 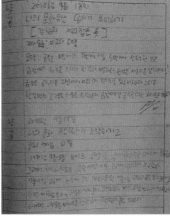 

글의 짜임 생각하며 요약하기 [그림 10] [그림 11]   '공주에서 우리는' 정리 [그림 12]

프로젝트를 시작하기 전, 유홍준의 《나의 문화유산 답사기》에서 공주, 경주, 안동 부분을 복사해 '남대구 문화유산 답사기'라는 책을 만들어 미리 아이들에게 한 권씩 나누어 주었다.

답사기를 읽기 전에 교과서를 통해 내용을 추론하며 글을 읽는 방법과 글의 짜임에 따른 내용 요약하는 방법을 설명하고 이를 바탕으로 답사기를 읽게 했다. 답사기 읽기는 국어 수업 시간에만 하기에는 내용도 어렵고 시간도 많이 필요하기 때문에 아침 독서 활동과 연계해 지도했다.

《나의 문화유산 답사기》는 어른들이 읽기에도 어려운 용어들이 많이 나와 아이들이 읽기에 벅찬 면도 있는 게 사실이지만 추론하며 읽기와 글의 짜임을 생각하며 읽기 활동에는 적절하게 사용할 수 있다고 생각한다. 특히 한 번의 읽기로 끝나는 것이 아니라 공주, 경주, 안동의 세 번의 활동을 통해 지속적으로 지도했기 때문에 더욱더 적절했던 것 같다.

첫 번째 답사기인 공주를 읽을 때는 교사가 처음부터 끝까지 같이 읽으면서 추론한 내용과 파악한 글의 짜임을 프로젝트 공책에 정리하는 방법을 차근차근 설명해 주었고 아이들이 정리한 것(★평가 9, ★평가 10)에 대한 피드백을 엄청 많이 했다. 하지만 경주, 안동으로 갈수록 아이들 스스로 하는 모습을 보여 주었다.

마지막으로 공주 현장체험학습을 가서 현장에서 직접 소리 내어 읽을 부분들을 '공주에서 우리는' 학습지에 정리했다.

※ 답사기를 답사 현장에 가서 읽어 보는 것은 이경원 선생님의 《교육과정 콘서트》 나의 경복궁 답사기를 응용했다.

공주 느끼기 – 공주 현장체험학습(7차시)

차시	활동 및 내용	관련 교과 및 시수
12-18/61	○공주 느끼기: 공주 현장체험학습 · 공산성, 무령왕릉, 국립공주박물관 견학하기 – 백제 문화의 특징과 생활 모습 생각하며 견학하기 – 나의 문화유산 답사기(공주) 현장에서 읽기 – 문화유산 촬영 및 보고 느낀 점 간단히 메모하기	사회 1 국어 4 창체 2

무령왕릉 [그림 13]

국립공주박물관 [그림 14]

　　문화재 탐구 활동과 답사기 읽기로 공주에 대해 알았으니 이제 안 만큼 느끼기 위해 공주로 현장체험학습을 떠났다. 공산성, 무령왕릉, 국립공주박물관 그리고 곰나루에 가서 '공주에서 우리는'에 정리한 내용을 토대로 현장에서 답사기 읽기를 진행했다. 무령왕릉에서는 지나가는 어른들이 큰 관심을 보여 아이들이 약간은 수줍어도 하고 으쓱해 하기도 했다.

공주 보기 – 나의 공주 문화유산 답사기 쓰기(3차시)

차시	활동 및 내용	관련 교과 및 시수
19-21/63	O공주 보기: 나의 공주 문화유산 답사기 쓰기 · 견문과 감상이 드러나게 글 쓰는 방법 알아보기 · 견문과 감상이 드러나게 공주 문화유산 답사기 쓰기 ★평가 7 · 문장 성분의 호응 관계 생각하며 고쳐 쓰기 ★평가 8 · 자신이 쓴 답사기 발표하고 교실에 전시하기	국어 3

　　답사기를 쓰기 전 견문과 감상이 드러나게 글을 어떻게 쓰는지와 기본적인 문장 성분과 호응 관계에 대해 교과서로 수업을 했다.

　　학생들이 쓴 공주 답사기 초고는 먼저 모둠 구성원들끼리 서로 견문과 감상, 문장 성분의 호응 관계에 초점을 두어 점검을 하도록 했고 이후 교사의 피드백을 받고 최종 답사기를 완성하도록 했다.(★평가 7, ★평가 8)

문단 나누어 쓰기, 견문보다는 감상 많이 쓰기를 강조했고 세 번의 답사기 쓰기 중 첫 번째이기 때문에 너무 부담을 갖지 않고 쓸 수 있도록 했다. 완성한 답사기는 교실에 전시하고 모두 다른 사람의 글을 읽어 볼 수 있도록 했다.

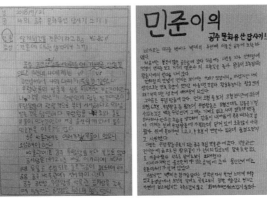

공주 답사기 초고 [그림 15]　　　공주 답사기 완성 [그림 16]

남대구 문화유산 답사기 – 경주편(12차시)

경주 알기 1 – 문화재 탐구 활동(2차시)

차시	활동 및 내용	관련 교과 및 시수
22–23/63	○ 경주 알기 1: 문화재로 알아보는 통일신라와 발해의 생활 모습 · 통일신라와 발해 문화재를 보고 문화의 특징 정리하기 · 신라와 통일신라의 문화재 분류하고 차이 설명하기 · 문화재를 통해 통일신라와 발해의 생활 모습 파악하기 ★평가 2	사회 2

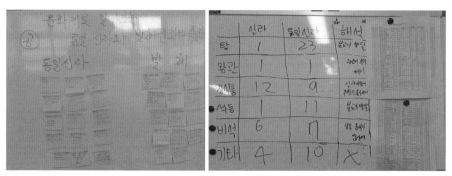

통일신라 VS 발해 하얀 거짓말 활동 결과 [그림 17] 신라와 통일신라의 문화 차이 탐구하기 [그림 18]

PPT 자료로 통일신라, 발해의 문화재에 대해 간단히 설명한 후 교과서의 내용을 바탕으로 통일신라와 발해의 생활 모습, 불교, 문화재와 문화의 특징을 학습지에 정리하게 했고(★평가 2) 이를 바탕으로 하얀 거짓말 활동을 하며 학습 내용을 확인했다. 마지막으로 신라와 통일신라의 문화재 목록을 정리한 학습지를 나누어 주고 스스로 항목을 정해 문화재를 분류해 보면서 신라와 통일신라의 문화 차이에 대해 생각해 볼 수 있도록 했다.

※ 신라와 통일신라의 문화재 분류 활동은 이관구 선생님의 《초등한국사! 진짜 역사수업을 말한다》의 자료를 활용했다.

경주 알기 2-답사기 읽기(1차시)

차시	활동 및 내용	관련 교과 및 시수
24/63	○경주 알기 2: 답사기 읽고 내용 요약하기 · 내용 추론하며 《나의 문화유산 답사기》 '경주' 읽기 ★평가 10 · 글의 짜임을 생각하며 답사기 내용 요약하기 ★평가 9	국어 1

내용을 추론하며 답사기를 읽고 요약하기는 주로 아침 독서 활동 시간을 활용했는데 공주편에서와 마찬가지로 추론한 내용 두 개 이상, 파악한 글의 짜임 두 개이상을 프로젝트 공책에 정리해 확인을 받도록 했다.(★평가 9, ★평가 10) 그리고 경주

현장체험학습을 가서 읽을 부분들을 '경주에서 우리는' 학습지에 정리했다.

경주 느끼기-경주 현장체험학습(7차시)

차시	활동 및 내용	관련 교과 및 시수

25-31/61	○경주 느끼기: 경주 현장체험학습
	· 불국사, 신라역사과학관 견학하기
	  – 통일신라 문화의 특징과 생활 모습 생각하며 견학하기
	  – 《나의 문화유산 답사기》 '경주' 현장에서 읽기
	  – 문화유산 촬영 및 보고 느낀 점 간단히 메모하기
		사회 1
		국어 4
		창체 2

불국사 [그림 19]

신라역사과학관 [그림 20]

경주 현장체험학습 때는 비가 와서 힘든 하루를 보내야 했다. 불국사에서는 먼저 해설사의 설명을 듣고 읽기 활동을 했는데 문화재 가까이에 가지 못하고 비를 피해 회랑에서 할 수밖에 없었다. 석굴암의 경우 실제로 간다 해도 유리도 막혀 있어 관람 등에 제한이 많기 때문에 우리는 신라역사과학관에서 석굴암, 성덕대왕신종(에밀레종) 등 신라 역사에 대한 다양한 해설을 듣는 활동을 선택했다.

비가 많이 내려 점심을 먹을 장소가 마땅치 않아 20년 교사 생활 최초로 버스 안에서 점심을 먹어야 했던 즐거웠지만 힘들었던 경주 현장체험학습이었다.

경주 보기 – 경주 문화유산 답사기 쓰기(2차시)

차시	활동 및 내용	관련 교과 및 시수
32–33/63	ㅇ경주 보기: 나의 경주 문화유산 답사기 쓰기 · 견문과 감상이 드러나게 경주 문화유산 답사기 쓰기 ★평가 7 · 문장 성분의 호응 관계 생각하며 고쳐 쓰기 ★평가 8 · 자신이 쓴 답사기 발표하고 교실에 전시하기	국어 2

공주 답사기와 마찬가지로 학생들이 프로젝트 공책에 쓴 경주 답사기는 먼저 모둠 구성원들끼리 견문과 감상, 문장 성분의 호응 관계에 초점을 두어 점검하고 이후 교사의 피드백을 받고 최종 답사기를 완성하도록 했다.(★평가 7, ★평가 8) 완성한 답사기는 교실에 전시했다.

COREA! KOREA!(8차시)

Welcome to Corea(3차시)

차시	활동 및 내용	관련 교과 및 시수
34–36/63	ㅇWelcome to Corea · 국제 무역항, 벽란도로 알아보는 고려시대 대외 관계 　– 읽기 자료를 통해 벽란도의 위치, 교역 물품, 문화 교류 백지도에 표시 및 정리하기 　– 모둠별 질문 하브루타로 고려의 대외 관계 파악하기 　– 갤러리 워크로 고려의 대외 관계 소개하기 　– 고려의 대외 관계 정리하기 ★평가 3	사회 3

고려 대외 관계 정리 및 갤러리 워크 발표 [그림 21] [그림 22]

벽란도와 고려 무역에 대한 읽기 자료 및 교과서 내용을 참고해 고려시대 대외 관계를 개별적으로 백지도에 작성한 후 모둠 협의를 통해 좀 더 큰 모둠 백지도에 정리를 했다. 특히 모둠 협의를 할 때는 질문 하브루타를 통해 대외 관계를 파악하는 데 중점을 두게 했다.

정리한 백지도를 갤러리 워크로 발표한 후 프로젝트 공책에 송, 거란, 여진, 왜, 아라비아와의 대외 관계를 종합적으로 정리하도록 했다.(★평가 3)

Made in Korea(5차시)

차시	활동 및 내용	관련 교과 및 시수
37–41/63	ㅇMade in Korea · 불교로 알아보는 고려시대 문화 　– 팔관회, 연등회 소개하기 　– 통일신라와 고려의 불상의 크기, 모습, 분포 비교하기 　– 하얀 거짓말 활동으로 고려시대 불교의 특징 정리하기 · 우리가 소개하는 Made in Korea 　– 주제 선택: 금속 활자, 팔만대장경, 비색청자, 상감청자 등 　　조건: 과학, 생활, 문화가 드러나게 정리 　– 자료 조사 및 이젤패드에 정리하기 　– 모둠별로 선택한 주제 소개하기 ★평가 4 　– 솔라리움 카드로 고려시대 문화의 특성 정리하기	사회 5

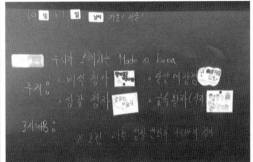

불교로 알아보는 고려시대 문화 활동 [그림 23]　　Made in Korea 활동 안내 [그림 24]

　고려의 불교 행사였던 팔관회와 연등회를 PPT로 간단하게 소개한 후 통일신라와 고려 불상의 크기, 모습, 분포를 비교하는 활동을 했다. 불상의 크기와 모습은 사진 자료를 통해 쉽게 확인해 정리했고 불상의 지역 분포 비교는 불상의 분포표를 보고 지도에 스티커를 붙이는 활동을 하고 왜 이런 결과가 나왔는지 모둠별로 협의해서 정리하고 발표를 했다. 마지막으로 하얀 거짓말 활동을 통해 고려시대 불교의 특징을 복습했다.

　우리가 소개하는 Made in Korea는 금속 활자, 팔만대장경, 비색청자, 상감청자의 주제를 모둠별로 나누어 맡아 자료를 조사하도록 했다. 주제별로 고려 시대의 과학, 생활, 문화가 최대한 드러날 수 있도록 조사하고 조사한 내용은 이젤패드에 정리해 소개 자료를 완성했다. 갤러리 워크 활동을 통해 소개 자료를 발표하고(★ 평가 ④) 고려시대 문화의 특성을 솔라리움 카드를 통해 정리했다. 즉, 고려시대 문화를 비유적으로 표현할 수 있는 솔라리움 카드를 하나 선택한 후 자기가 생각하는 고려시대 문화의 특성을 카드의 이미지로 설명하는 것이다.

　※ 통일신라와 고려의 불상 비교 활동은 이관구 선생님의 《초등한국사! 진짜 역사수업을 말한다》의 자료를 활용했다.

세종이 꿈꾸는 나라(4차시)

차시	활동 및 내용	관련 교과 및 시수
42~45/63	○우리가 소개하는 세종시대 문화와 과학 · 만 원권 지폐에 그려진 그림 찾고 소개하기 · 주제 선택: 문화 – 훈민정음, 국악 / 과학 – 천문, 농사, 자격루 · 관련 읽기 자료 내용 정리 및 부족한 내용 보충 조사하기 · 소개 자료 만들기 및 준비하기 · 갤러리 워크로 세종 시대 문화와 과학 소개하기 · 세종이 꿈꾸는 나라 유추하고 발표하기 · 세종시대 문화와 과학의 성과 정리하기 ★평가 5	사회 4

소개 자료 준비하기 [그림 25]

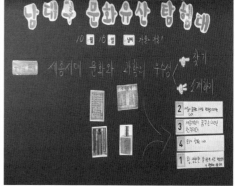
세종이 꿈꾸는 나라는? [그림 26]

만 원권 지폐에는 세종대왕의 모습뿐만 아니라 《용비어천가》, 혼천의, 천상열차분야지도와 같은 세종시대 문화와 과학의 산물들이 같이 그려져 있다. 이를 PPT로 소개한 후 세종대왕의 업적에는 어떤 것이 있는지 브레인스토밍을 했다. 다양한 업적 중 우리 반에서는 소개하고 싶은 것으로 농사직설(1학기 프로젝트 신(新)농사직설의 영향인 듯), 훈민정음, 측우기, 자격루가 선택되었다. 이어 모둠별로 자료를 조사하고 정리한 후 허니컴보드에 소개할 내용을 정리하도록 했고 이를 바탕으로 갤러리 워크 활동을 진행했다. 이후 이런 업적들을 바탕으로 세종대왕은 조선이 어떤 나라이기를 꿈꾸었는지 모둠별로 유추해 발표했다.

마지막 정리 활동으로는 세종시대 문화와 과학의 성과를 학습지에 정리하도록 했다.(★평가 5)

남대구 문화유산 답사기 – 안동편(12차시)

안동 알기 1–체험으로 알아보기(2차시)

차시	활동 및 내용	관련 교과 및 시수
46~47/63	○안동 알기 1: 체험으로 알아보는 조선의 신분제와 생활 모습 · 양반, 중인, 상민, 천민으로 역할 나누어 신분제 체험하기 · 체험을 통해 신분제도에 따른 생활 모습 정리하기 ★평가 6	사회 2

조선시대 신분 질서는 체험을 통해 느껴 볼 수 있도록 했다. 당시 신분 체험 학습을 진행했던 교사에 대한 안 좋은 소식을 매스컴을 통해 들었기 때문에 체험을 할지 말지 고민을 하지 않을 수 없었지만 체험 기간을 하루로 짧게 잡아 진행했다.

우선 조선의 신분 종류에 대해 PPT를 통해 간단하게 설명하고 뽑기를 통해 모둠 내 양반, 중인, 상민, 천민을 정하고 신분 문서의 내용을 같이 보면서 하루 동안 신분에 맞게 지낼 수 있도록 안내했다. 이후 각 신분 문서의 내용에 따라 하루 동안의 신분 체험을 진행하고 각자 일기의 형식으로 신분 체험에 대한 생각과 느낌을 정리해 보도록 했다. 마지막으로 교과서의 내용을 참고하여 프로젝트 공책에 신분제에 따른 생활 모습을 각자 프로젝트 공책에 정리하도록 했다.(★평가 6)

그 짧은 신분 체험을 하면서 두 명의 아이가 우는 일이 발생했다. 한 명은 급식 시간에 천민이 양반 옆자리에 앉으려고 해서 필자가 '천민이 어디 양반 옆에 앉느냐~?'고 농담을 했더니 울어 버렸다. 미안하다는 나의 말에 선생님 때문이 아니라 아침부터 쌓인 것이 터져서 그런 거라고 했다. 다른 한 명은 신분 체험 일기를 읽다가 너무 분하다며 다시는 천민 역할은 하기 싫다며 눈물을 흘렸다. 우는 아이들의 모습에 나도 당황했는데 하교하기 전에 맛나는 간식을 나눠 주면서 '오늘 일은 우리 모두 잊자'라며 두 손을 꼭 잡아 주었다.

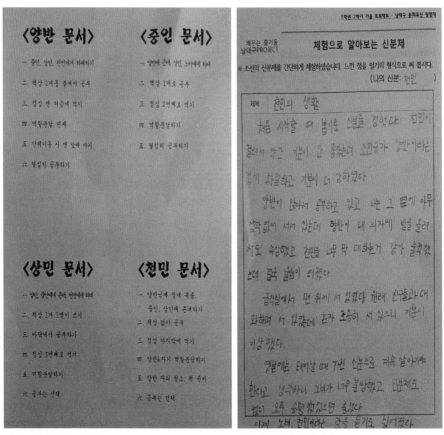

신분 문서 내용 [그림 27]   신분 체험 일기 [그림 28]

안동 알기 2-답사기 읽기(1차시)

차시	활동 및 내용	관련 교과 및 시수
48/63	○안동 알기 2: 답사기 읽고 내용 요약하기 ★평가 9, 10 · 내용 추론하며 유홍준의 《나의 문화유산 답사기》 '안동' 읽기 · 글의 짜임을 생각하며 답사기 내용 요약하기	국어 1

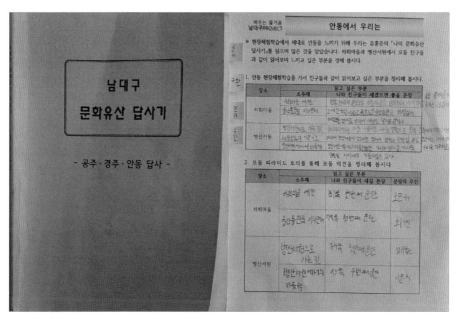

답사기 책자 & 안동에서 우리는 정리 내용 [그림 29]

공주, 경주에 이어서 세 번째 답사기 읽기 활동이어서 그런지 아이들이 이제는 알아서 척척 했다. 알아서 하니 선생님 검사도 필요 없다던 아이들의 꾐에 넘어가지는 않았지만 반복을 통해 무언가를 익히는 것의 학습 효과를 느낄 수가 있었다.

공주, 경주와 마찬가지로 추론한 내용 두 개 이상, 파악한 글의 짜임 두 개 이상을 프로젝트 공책에 정리해 확인을 받도록 했다.(★평가 9, ★평가 10)

마지막으로 '안동에서 우리는' 학습지에 정리했다.

안동 느끼기–안동 현장체험학습(7차시)

안동 + 보기–안동 문화유산 답사기 쓰기(2차시)

차시	활동 및 내용	관련 교과 및 시수
49–55/61	○안동 느끼기: 안동 현장체험학습 · 하회마을, 탈춤, 병산서원 견학하기 – 조선시대 신분제와 생활 모습 생각하며 견학하기 – 《나의 문화유산 답사기》 '안동' 현장에서 읽기 – 문화유산 촬영 및 보고 느낀 점 간단히 메모하기	사회 2 국어 3 창체 2
56–57/63	○안동 보기: 나의 안동 문화유산 답사기 쓰기 · 견문과 감상이 드러나게 안동 문화유산 답사기 쓰기 · 문장 성분의 호응 관계 생각하며 고쳐 쓰기 ★평가 7, 8 · 자신이 쓴 답사기 발표하고 교실에 전시하기	국어 2

병산서원에서 답사기 읽기 [그림 30]   하회 별신굿 탈놀이 관람 [그림 31]

　　마지막 안동으로의 현장체험학습. 먼저 병산서원에 가서 해설사의 설명을 듣고 답사기 읽기를 하고, 하회마을로 이동해 해설사의 설명을 듣고 미션 활동 그리고 답사기 읽기와 하회 별신굿 탈놀이 관람까지 진행했다. 미션 활동은 사전 답사를 통해 아이들에게 제시할 미션을 정했고 모둠별로 미션을 수행해 문자를 보내면 다음 미션을 문자로 보내 주었다. 미션 내용은 '부용대 배경으로 모둠 인증샷을 찍어 보내 주세요', '삼신당 나무를 찾아 소원을 빌고 인증샷을 보내 주세요' 등 하회마을의 곳곳을 찾아다닐 수 있도록 하는 내용이었다.

현장체험학습을 갔다 와서는 마지막 답사기인 안동 문화유산 답사기를 썼다. 앞선 답사기와 마찬가지로 먼저 모둠 구성원들끼리 피드백을 한 후 교사의 피드백을 받고 최종 답사기를 완성하도록 했는데(★평가 7, ★평가 8) 안동 답사기는 워드로 작성하고 사진도 넣도록 했다.

이후 공주, 경주, 안동 세 개의 답사기는 모두 모아서 '5-1반 남대구 문화유산 답사기'라는 책으로 만들어서 아이들에게 한 권씩 나누어 주었다. 당시 책 쓰기 동아리를 같이하고 있어서 예산을 적절하게 활용할 수 있었다.

제작하라, 남대구 문화유산 탐험 책자 PBL(5차시)

차시	활동 및 내용	관련 교과 및 시수
58/63	○'제작하라, 남대구 문화유산 탐험 책자' PBL 문제 제시하기 · 문제 확인하기 　　　· 과제 수행 계획서 작성하기	미술 5
59/63	○문제 해결 방안 모색하기 · 개별 문제 해결 방안 모색하기 　- 맡은 역할에 따라 자료 조사하기 · 팀별 문제 해결 방안 모색하기 　- 문화유산 탐험 책자 제작 계획서 작성하기	
60-61/63	○결과 정리하기 · 문화유산 탐험 책자 목차 작성 및 자료 정리하기 · 문화유산 탐험 책자 완성하기	
62/63	○결과 발표하기 및 평가 ★평가 11 · 문화유산 탐험 책자 발표하기 　　· 활동 평가하기	

문제 제시하기(1차시) + 문제 해결 방안 모색하기(1차시)

제작하라, 남대구 문화유산 탐험 책자

남대구 문화유산 탐험대원 여러분, 문화유산 탐험은 재미있었나요?

구석기와 신석기의 선사시대로부터 시작한 우리의 탐험은 조선시대를 대표하는 안동 답사를 끝으로 마무리가 되었습니다. 처음이라 낯설기도 했지만 재밌었던 이번 탐험을 통해 우리 마음속에 우리 문화에 대한 자긍심이 싹트기 시작했습니다.

하지만 여러분들이 진정한 남대구 문화유산 탐험대원으로 인정받기 위해서는 아직 통과해야 할 마지막 한 단계가 남아 있답니다. 그것은 바로 탐험을 함께하지 못한 친구들도 우리 문화유산을 이해하고 느낄 수 있도록 여러 시대의 문화를 알기 쉽게 소개하는 문화유산 탐험 책자를 만드는 것입니다. 여러분의 마음속 우리 문화에 대한 자긍심이 다른 친구들의 마음속에서도 싹틀 수 있도록 도와줄 수 있겠죠?

먼저 그동안 여러분들이 탐험한 장소와 유물을 바탕으로 각 시대의 문화적 특징을 정리해 보세요. 그리고 각 시대별 문화적 특징을 잘 나타낼 수 있는 대표 문화재나 유적 하나를 선정해 우리나라 문화적 전통을 깊이 있게 설명하는 탐험 책자를 만들어 주세요.

아래의 사항을 참고해 최고의 남대구 문화유산 탐험 책자를 만들어 주세요.

1. 포함되어야 할 시대
   ① 구석기와 신석기　　　② 삼국시대(가야 포함)
   ③ 통일신라와 발해　　　④ 고려시대　　　⑤ 조선시대
2. 탐험 책자 자료는 프로젝트를 통해 이미 배운 내용들과 학습 결과물을 기본으로 하고, 더 필요한 내용과 자료들은 보충해 주세요.
3. 시대별 문화의 특징을 나타낼 수 있는 대표적인 문화재나 유적 하나를 선정해 주세요.
4. 책자 형식이나 PPT나 한글 등 다양한 형태로 제작해 주세요.

[제작하라, 남대구 문화유산 탐험 책자 PBL 문제]

먼저 PBL 문제를 제시하고 모둠별로 과제 수행 계획서를 작성하게 했는데 처음 작성한 계획서는 피드백을 주어서 2차 계획서를 작성하도록 했다.

이후 역할 분담에 따라 각자 맡은 시대의 문화 특징, 대표 문화재와 유적을 조사해 프로젝트 공책에 정리하게 했다. 각자 조사한 내용을 바탕으로 모둠 협의를 통해 탐험 책자 제작을 위한 계획서를 완성했다.

결과 정리하기(2차시) + 결과 발표하기 및 평가(1차시)

제작 계획서에 따라 선정한 시대별 문화재나 유적 사진 그리고 문화의 특징이 나타날 수 있는 탐험 책자를 제작했다. 대부분의 모둠은 PPT로 제작했고 한 모둠은 책자로 제작했다.(★평가 11) 완성한 남대구 문화유산 탐험 책자를 모둠별로 발표하고 PBL 평가를 진행했다.

제작 계획서 완성 [그림 33]

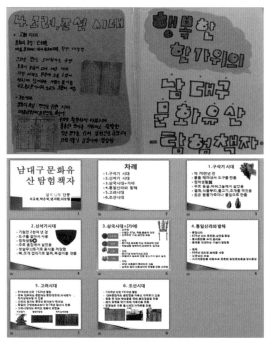

남대구 문화유산 탐험 책자 [그림 34] [그림 35]

닫으며 (1차시)

차시	활동 및 내용	관련 교과 및 시수
63/63	O '남대구 문화유산 탐험대' 프로젝트 성찰하기 · 프로젝트에 관한 성찰 일지 쓰기	국어 1

'슬기로운 선사생활'부터 '제작하라, 남대구 문화유산 탐험 책자'까지의 활동들을 PPT로 간단히 되돌아본 뒤 성찰 일지를 작성하는 것으로 기나긴 프로젝트를 마무리했다.

:STEP3 프로젝트 돌아보기

남대구초등학교에서 프로젝트 수업을 하면서 꼭 해 보고 싶었던 것이 두 가지 있었다. 하나는 아이들과 텃밭에서 식물을 기르는 프로젝트였고 또 다른 하나는 현장체험학습을 포함한 역사 프로젝트를 제대로 해 보는 것이었다. 2018년 5학년을 하면서 신(新)농사직설과 남대구 문화유산 탐험대를 통해 이 두 가지를 다 할 수 있어서 정말 좋았다.

2018년도의 5학년은 2009 교육과정이 적용되는 마지막 해였는데 5학년 2학기 사회는 선사시대부터 병자호란까지의 역사만 다루고 있었다. 이에 5학년 2학기의 프로젝트 수업은 사회(역사)를 중심으로 짜되 하나는 문화를 중심으로 다른 하나는 정치를 중심으로 구성했다. 남대구 문화유산 탐험대는 선사시대부터 조선 중기까지의 문화를 중심으로 한 프로젝트다.

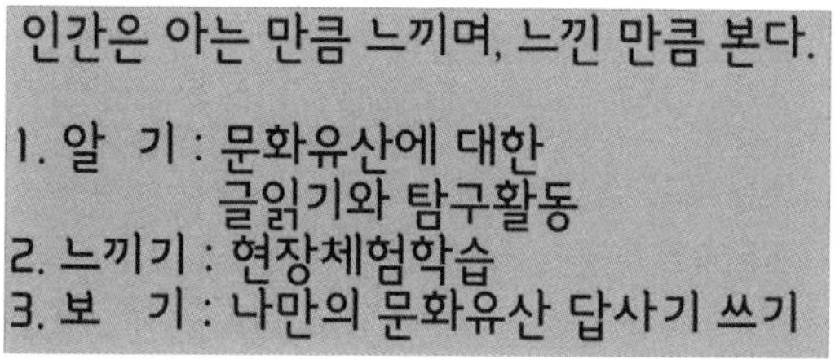

인간은 아는 만큼 느끼며, 느낀 만큼 본다.

1. 알 기 : 문화유산에 대한
          글읽기와 탐구활동
2. 느끼기 : 현장체험학습
3. 보 기 : 나만의 문화유산 답사기 쓰기

[그림 36]

프로젝트 전체적인 흐름은 '알기 − 느끼기 − 보기'로 아는 만큼 느끼고, 느낀 만큼 본다는 것을 전제로 했다. 답사기 읽기와 탐구 활동을 통해 많이 알도록 한다면 현장체험학습을 가서 많이 느낄 수 있을 것이고 많이 느낀다면 자기만의 답사기 쓰기(보기)도 잘할 수 있을 것이기 때문이다. 세 번의 되풀이되는 활동을 통해 아이들도 전체적인 흐름을 자연스럽게 익히는 모습을 보여 주었다.

프로젝트를 진행하면서 아쉬웠던 부분은 현장체험학습이 너무 많았다는 것이다. 계획을 할 때는 의욕적으로 했으나 사전 답사 세 번, 현장체험학습 세 번을 하고 나니 가을이 가 버리고 없었다. 세 번까지는 무리인 것 같고 두 번 정도로 해서 답사기 읽기, 답사기 쓰기 등을 진행해도 좋을 것 같다.

남대구 문화유산 탐험대 프로젝트는 2018학년도 남대구초등학교에서 정선우 선생님과 함께 계획해 실천한 프로젝트다.(2009 교육과정)

[그림 37]

우리 민족 대단해요: 역사와 민족에 대한 자긍심

:STEP1 프로젝트 설계하기

우리 민족 대단해요 프로젝트는?

5학년 2학기 사회과는 선사시대를 시작으로 조선시대 병자호란까지의 우리나라 역사로만 구성되어 있으며, 학생들이 처음으로 우리 역사를 배우는 시기다. '우리 역사를 처음 배우는 아이들이 우리 역사와 민족을 어떻게 바라볼 수 있도록 하면 좋을까?' 우리 역사와 민족에 대한 맹목적인 우월감을 가지는 것도 문제지만 무조건적으로 비하하는 것이 더 큰 문제이며 이에 따라 우리 아이들에게 우리 역사와 민족에 대한 '자긍심'을 심어 주는 것이 우선 되어야 한다고 생각했다.

하지만 우리 역사와 민족에 대한 자긍심은 단순히 여러 가지 활동을 하면서 느끼는 일회성의 감정이 아니라 학생들이 우리 조상들의 지혜가 깃든 유물과 유적을 조사하고 직접 견학하면서 실제적인 문제를 해결하며, 고려시대와 조선시대의 수준 높은 과학적·문화적 전통을 탐구하면서 자연스럽게 내면화해야 할 가치이자 마음이어야 한다. 또한 이런 우리 역사와 민족에 대한 자긍심은 우리 아이들의 삶과 연결되어 자기 자신에 대한 자긍심과 존중감으로 이어질 수 있을 것이다.

이처럼 '우리 민족 대단해요!'는 우리 역사와 민족에 대한 '자긍심'을 길러 주기 위한 프로젝트다.

프로젝트 수업 한눈에 보기

배움	활동 주제	활동 및 내용	교과(시수)	
자긍심	열며	○'우리민족 대단해요' 프로젝트 안내하기	창체 1	1
	최초의 국가 탄생	○단군 신화 역할극하기 ○고조선이 중국의 식민지였다? · 신문 기사 읽고 반박문 쓰기	사회 3	3
	대단한 역사 큐레이터	○PBL 소개하기 ○'대단한 역사 큐레이터' PBL 문제 제시하기 ○문제 해결 방안 모색하기 · 자료 조사 및 현장체험학습 계획 세우기 ○큐레이터 대본 작성하기 및 큐레이터 연습하기 ○경주 현장체험학습	사회 6 국어 8 창체 5	19
	경주를 다녀와서	○경주 현장체험학습 견학문 쓰기 · 호응 관계가 올바른 문장 구성하는 방법 알기 · 견문과 감상이 드러나는 견학문 쓰기	국어 8	8
	미니 역사 도록 만들기	○미니 역사 도록 만들기 · 도록에 대해 알아보기 · 고려시대와 조선시대의 대표 작품 정리하기 · 역사 도록 만들기 · 미니 역사 도록 전시회 하기	사회 6 미술 6	12

배움	활동 주제	활동 및 내용	교과(시수)	
자긍심	조상의 숨결을 따라	○장구 연주하며 노래 부르기 ○단소 연주하기 ○조상의 숨결을 따라 발표회	음악 7	7
	닫으며	○'우리 민족 대단해요' 프로젝트 성찰하기	국어 1	1
계			51	

교과서 관련 단원 및 시수

교과	단원	시수	교과	단원	시수
사회	1–2. 최초의 국가 고조선	3	국어	2. 견문과 감상을 나타내어요	9
	1–4. 삼국통일과 발해의 건국	6		4. 글의 짜임	8
	2–4. 고려문화의 발전	3	미술	12. 우리나라 미술의 발자취	6
	3–2. 조선의 문화와 과학의 발전	3	음악	3–6. 장구와 장단, 3–7. 늴리리야, 3–8. 풍구타령, 4–2. 단소	7
창체	현장체험학습(4), 프로젝트(2)	6			
계					51

평가

순	교과	성취기준	평가 문항	평가 방법
1	사회	단군의 건국 이야기를 알고, 고조선이 우리 역사상 최초의 국가임을 이해한다.	정확한 내용의 단군 신화 역할극을 하며 신문 기사를 읽고 반박문을 쓰고 발표하는가?	역할극 관찰 평가 반박문 글쓰기 평가

순	교과	성취기준	평가 문항	평가 방법
2	사회	유물과 유적을 통해 삼국, 통일신라와 발해 시기의 사람들의 생활 모습을 파악한다.	역사 큐레이터가 되어 삼국과 통일신라의 유물과 유적을 잘 소개하며 이를 통해 사람들의 생활 모습을 바르게 이해하는가?	큐레이터 활동 관찰 평가
3		금속 활자, 청자, 팔만대장경, 불교 미술 등을 통해 고려 시기의 과학과 생활, 문화를 파악한다.	고려 시기의 과학과 생활, 문화와 세종 대의 문화, 과학 분야의 여러 성과를 바르게 제시한 미니 역사 도록을 만드는가?	역사 도록 작품 평가
4		세종 대에 이루어진 대외 관계와 문화, 과학 분야에서 여러 성과 탐구한다.		
5	국어	글의 짜임에 따라 글 전체의 내용을 요약한다.	내용을 추론하고 요약하며 적절한 설명 방법을 사용하여 유물과 유적의 특징이 드러나게 큐레이터 대본을 쓰는가?	큐레이터 대본 평가
6		적절한 설명 방법을 사용하여 대상의 특징이 드러나게 글을 쓴다.		
7		내용을 추론하며 글을 읽는다.		
8		국어의 기본적인 문장 성분을 이해하고 성분 사이의 호응 관계가 올바른 문장을 구성한다.	문장 성분 사이의 호응 관계가 올바른 문장으로 견문과 감상이 잘 드러나게 경주 현장체험학습 견학문을 쓰는가?	현장체험 학습 견학문 작품 평가
9		글의 짜임에 따라 글 전체의 내용을 요약한다.		
10	미술	우리나라의 시대별 대표적인 작품을 찾아보고 문화적 전통의 흐름을 이해한다.	우리나라 시대별 대표적인 작품을 찾고 문화적 전통의 흐름이 정리된 미니 역사 도록을 만드는가?	역사 도록 작품 평가
11	음악	바른 자세와 주법으로 악기를 연주할 수 있다.	'조상의 숨결을 따라 발표회'에서 악곡의 특징을 살려 바른 자세와 주법으로 장구나 단소를 연주하는가?	발표회 연주 장면 관찰 평가
12		악곡의 특징을 살려 혼자 또는 여럿이 외워서 노래 부르거나 악기를 연주할 수 있다.		

:STEP2   프로젝트 실천하기

열며(1차시)

우리 민족 대단해요 프로젝트 안내하기(1차시)

차시	활동 및 내용	관련 교과 및 시수
1/51	O'우리 민족 대단해요' 프로젝트 안내하기 · 활동 주제망 그리기를 통해 프로젝트 활동 알기 · 활동 주제별 성취기준 확인하기	창체 1

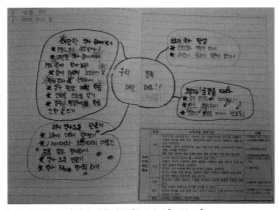

활동 주제망 그리기와 성취기준 확인하기 [그림 01]

　'우리 민족 대단해요' 프로젝트는 2016년에 실천한 필자의 첫 프로젝트다.

　이 프로젝트는 학생들에게 활동 주제망을 안내하고 프로젝트 공책에 직접 써 보게 함으로써 전체적인 흐름을 알 수 있도록 하는 것으로 시작했다. 그리고 프로젝트에 해당되는 성취기준을 정리해서 학생들과 함께 확인하고 공책에 붙이도록 했다.

　이후 쉬는 시간을 활용하여 프로젝트 공책 표지를 만들게 했다.

최초의 국가 탄생(3차시)

단군 신화 역할극 하기(1차시)

차시	활동 및 내용	관련 교과 및 시수
2/51	○《단군 신화》역할극 하기 · 모둠별로 《단군 신화》 읽고 역할극하기 ★평가 1	사회 1

《단군 신화》역할극 장면 [그림 02]

고조선의 건국 이야기는 《단군 신화》역할극을 통해 자연스럽게 이해할 수 있도록 했다. 먼저 교과서 내용을 바탕으로 간단하게 역할극 대본을 쓰고 이를 바탕으로 모둠별로 역할극을 했다. 이후 학습지에 《단군 신화》의 의미와 역할극에 대한 소감을 정리했다.(★평가 1)

아무 소품도 없이 하는 아주 짧은 역할극이었지만 아이들과 너무나 즐거운 시간이었다.

고조선이 중국의 식민지였다?(2차시)

차시	활동 및 내용	관련 교과 및 시수
3-4/51	○고조선이 중국의 식민지였다? · 신문 기사를 읽고 반박문 쓰기 ★평가 1 · 교문 앞 단군 동상에서 읽기	사회 2

신문 기사에 대한 반박문 [그림 03]

중국은 발해뿐만 아니라 고조선까지도 중국의 지방정권 또는 식민지였다고 주장하는 동북공정을 지속적으로 추진하고 있었고 이런 영향으로 인해 미국, 영국의 매스컴에서도 '고조선이 중국의 식민지였다', '한국이 668년 이전에는 중국의 식민지였다'라고 잘못 소개하는 경우가 있었다.

이에 학생들과 함께 관련 신문 기사를 읽고 난 후 이에 대한 반박문을 쓰도록 했다.(★평가 1) 남대구초 교문 앞에는 출처를 알 수 없는 단군 동상이 있는데 자기가 쓴 반박문을 단군 동상 앞에서 직접 읽도록 했다.

당시 수업을 할 때 반박문을 쓰는 방법조차 알려 주지 않고 그냥 무작정 쓰라고 한 교사의 만행에도 불구하고 아이들은 반박문을 너무나 잘 썼다. 하지만 지금 다시 이 활동을 한다면 국어과의 연계를 통해 글쓰기 방법을 지도한 후 제대로 된 글을 쓰도록 할 것이다.

대단한 역사 큐레이터 PBL(19차시)

차시	활동 및 내용		관련 교과 및 시수
5/51	O PBL 소개하기 · PBL 절차와 방법 소개하기		사회 6 국어 8 (4단원) 창체 5
6/51	O '대단한 역사 큐레이터' PBL 문제 제시하기 · 문제 확인하기　· 과제 수행 계획서 작성하기	첫 번째 프로젝트 데이	
7–11/51	O 문제 해결 방안 모색하기 · 개별 문제 해결 모색하기 – 문화재 자료 정리 및 분석 · 모둠 및 전체 협의회 – 현장체험학습 계획 세우기		
12–16/51	O 결과 정리하기 ★평가 5, ★평가6, ★평가7 · 큐레이터 대본 작성하기 · 역사 큐레이터 연습하기	두 번째 프로젝트 데이	
17–23/51	O 경주 현장체험학습: 결과 발표하기 및 평가 ★평가 2 · 큐레이터가 되어 유물과 유적 소개하기 · 활동평가 및 성찰 일지 작성하기	세 번째 프로젝트 데이	

PBL 소개하기(1차시)

　　2016년 남대구초는 10년 동안 실천해 오던 프로젝트 수업에 PBL을 접목시키는 새로운 시도를 했다. 1학기에는 다양한 프로젝트 및 PBL 연수를 통해 기반 다지기를 하며 단일교과에 PBL을 적용했고 2학기에는 본격적으로 프로젝트 수업에 PBL을 접목시켰다. 당시 남대구초 프로젝트는 50차시 정도의 제법 거대한 프로젝트였기 때문에 PBL을 프로젝트 수업 안에 집어넣어 프로젝트를 하면서 배운 내용들을 적용·활용하면서 학습을 마무리하는 형태를 취할 수 있도록 구성했다. 이에 따라 남대구초 프로젝트에는 프로젝트 안에 PBL이 들어가 있는 이중적인 구조로 이루어지게 되었다.

이처럼 새롭게 시도하는 프로젝트 수업 속 PBL이었고 1학기에 간단하게는 해 보았지만 아직 익숙하지 않은 아이들이였기에 먼저 PBL이 무엇인지, 어떻게 하는 지 그리고 왜 하는지를 소개하는 시간을 가졌다. 특히 PBL의 절차와 방법에 대해 서는 자세하게 안내했다.

문제 제시하기(1차시)

나는야, 대단한 역사 큐레이터

Part Ⅰ. INTRO

큐레이터(Curator)는 박물관이나 미술관을 찾는 관람객을 위해 전시를 기획하고, 작품이나 유물에 대한 수집·관리·연구를 담당하는 사람입니다. 이 중에서도 핵심은 전시 기획 업무예요. 참신한 아이디어를 바탕으로 한 기획력이 전시회의 성공 여부를 결정하거든요. 관람객이 어떤 작품을 보고 싶어 하는지, 사회의 관심이 무엇인지를 살펴 전시회의 주제나 콘셉트를 정하고요, 섭외 가능한 작가와 작품의 수, 예상되는 수입과 소요되는 예산 등을 종합적으로 고려해서 기획안을 작성합니다. 이처럼 큐레이터는 전시의 전반을 총괄하는 사람입니다.

역사 큐레이터에게는 단순히 찾아오는 관광객들에게 우리의 문화유산을 설명하는 문화관광해설가의 역할뿐만 아니라 큐레이터처럼 참신한 아이디어로 여행 코스를 정하는 것이 중요합니다. 대상들에게 적합한 역사 여행 주제를 정하고 관람 가능한 유적 및 유물의 수, 예상되는 소요액 등을 종합적으로 고려해 역사기행 계획안을 작성해야 합니다. 이처럼 역사 큐레이터는 우리의 문화와 역사, 관광 자원에 대한 해박한 지식과 소양뿐만 아니라 역사 기행의 계획과 진행 등을 총괄하는 사람입니다.

Part Ⅱ. 나는야, 대단한 역사 큐레이터

신라시대 건축과 과학, 예술과 종교의 아름다움을 한눈에 만날 수 있는 천년 고도 경주는 불교문화의 보물 창고이자 다양한 문화유산을 즐길 수 있는 우리나라 대표적인 관광 명소입니다. 석굴암, 불국사(1995년 12월 유네스코 세계문화유산으로 등재), 경주 역사 유적지구(2000년 12월 유네스코 세계문화유산으로 등재), 첨성대, 대릉원, 경주박물관 등 천 년의 숨결과 향기를 즐길 수 있는 곳이죠.

9월 27일, 남대구초등학교 5학년은 바로 이곳, 경주로 2학기의 첫 현장체험학습인 역사 여행을 떠납니다. 선생님들이 계획한 장소와 시간대로 움직여야 하는 평소의 현장체험학습과는 달리 이번 경주로 떠나는 역사 여행은 여러분들이 역사 큐레이터가 되어 모든 계획과 진행을 하게 됩니다. 역사 큐레이터가 해야 되는 역할과 아래 조건을 잘 살펴보고 이번 경주 역사 여행을 의미 있게 만들어 보세요. 경주 역사 여행을 멋지게 준비하고 진행할 여러분들이 바로 '대단한 역사 큐레이터'입니다.

> 첫째, 1반은 1부(8시부터 11시 30분), 2반은 2부(12:30-3시 30분)에 대한 계획과 진행을 합니다. 점심시간은 11시 30분부터 12시 30분까지 1시간입니다.
> 둘째, 먼저 역사 여행 주제를 정하고 주제에 적합한 여행 장소를 선택합니다.
> 셋째, 이동 시간과 관람 및 해설 시간 등을 고려해 여행 코스를 정합니다.

[나는야, 대단한 역사 큐레이터 PBL 문제]

2016년 5학년에서는 교과 수업이 없는 날인 금요일을 '프로젝트 데이'로 정해서 종일(6시간) 프로젝트 수업을 진행했다. 진도표도 프로젝트 데이를 염두에 두고 작성했는데 프로젝트 데이를 통해 수업을 진행할 경우 여유롭게 학습할 수 있다는 장점이 있었으며 모둠별 진도 차이는 각각의 활동을 끝내야 할 시간을 제시하고 교사가 적극적으로 피드백을 제공하면서 조절했다. 첫 번째 프로젝트 데이 때는 PBL 문제 제시를 시작으로 학반 대표 현장체험학습 계획서 선정 및 모둠 소개 문화재 선택까지 진행했다.

먼저 PBL 문제를 제시하고 과제 수행 계획서를 작성하게 했다. 과제 수행 계획서의 중요성을 강조하며 꼼꼼하게 피드백을 주면서 지도했다. 특히 역할 분담 부분에서 분담 내용과 방법은 최대한 구체적으로 쓸 수 있도록 했다.

과제 수행 계획서 작성하기 [그림 04]

현장체험학습 계획서 [그림 05]

문제 해결 방안 모색하기(5차시)

과제 수행 계획서를 통과한 모둠은 역할 분담에 따라 개별로 도서관, 컴퓨터실, 교사 면담 등을 통해 자기가 맡은 부분을 조사해 프로젝트 공책에 정리했다. 교실 밖으로 자유롭게 다닐 수는 있지만 다른 반 수업에 방해가 되면 안 된다고 단단히 주의를 주고 활동을 시작했다.

개별로 조사한 내용은 교사에게 1차 확인을 받아 수정·보충해 최종 검사를 받도록 했다. 모둠원이 모두 검사를 받은 모둠에서는 각자 조사한 내용을 바탕으로 협의를 통해 현장체험학습 계획을 세울 수 있도록 했다. 계획서 작성을 위한 모둠 협의와 학반 대표 계획서 선정을 위한 전체 협의를 함께 진행하기 위해서 개별 조사 검사와 현장체험학습 계획서 완성은 제한 시간을 정해 주었다.

마지막 6교시에는 모둠별로 작성한 현장체험학습 계획서를 전체 앞에서 발표하면서 동시에 미리 나누어 준 평가표로 평가도 진행했다. 평가 점수를 바로 집계해 학반 대표 현장체험학습 계획서를 선정했다.

하지만 여기서 수업의 중대한 결함이 발견되었다. 학반 대표 계획서를 선정한 후의 큐레이터 활동에 대한 구체적인 생각을 하지 못한 것이었다. 즉, 큐레이터 활동을 계획서가 선정된 모둠만 할 것인지 아니면 다른 모둠과 함께 진행할 것인지에 대해 미리 생각하지 못한 것이었다. 그래서 아이들에게 선생님의 실수에 대해 사과하고 계획서가 선정된 모둠에게는 양해를 구한 뒤 선정된 모둠의 계획서 코스에 따라 각 모둠별로 해설할 문화유산을 선택하도록 했다. 당연히 계획서가 선정된 모둠에게 해설할 문화유산을 먼저 선택할 우선권을 주었다.

문제	백 나는야. 대단한 역사 큐레이터					
번호	평가문항	가을냄밤	붉은 빛 진홍	웃음짓는 백소아리	꿈꾸는 단풍나무	코스모스 피는 길
1	역사 여행의 주제가 참신하고 적절한가요?	5	4	5	3	
2	역사 여행의 주제에 적합한 코스인가요?	5	4	4	5	
3	역사 여행의 시간 배분이 적절한가요?	4	4	3	4	
4	역사 여행 코스별 요약 설명이 이해하기 쉬웠나요?	3	3	5	4	
	합계	17	15	19	18	

현장체험학습 계획서 평가표 [그림 06]   모둠별 설명할 문화유산 정하기 [그림 07]

결과 정리하기(5차시)

프로젝트를 한창 진행하고 있던 2016년 9월 12일, 경주에서 규모 5.8의 지진이 발생했다. 경주로의 현장체험학습이 힘들어지면서 10월에 가기로 한 안동으로 먼저 현장체험학습을 다녀와야 했다. 하지만 여진이 계속되면서 경주로 현장체험학습을 못 갈 수도 있겠다는 생각을 하면서 역사 큐레이터 활동을 진행했다.

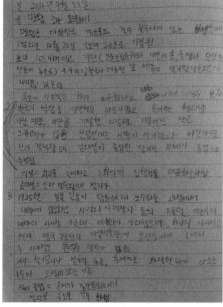

〈큐레이터가 되어라~〉

1. 맡은 유물/유적에 대해 모둠별로 조사합니다.
2. 조사한 내용을 바탕으로 큐레이터 대본을 씁니다.
3. 모둠별로 큐레이터가 되어 연습을 합니다.
4. 재미있게 소개할 수 있는 방법을 생각해 보세요.

프로젝트 데이 활동 안내 [그림 08]

설명할 유물 조사하기 [그림 09]

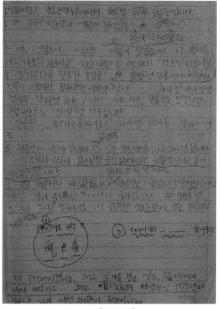

역사 큐레이터 대본 쓰기 [그림 10]

　　두 번째 프로젝트 데이는 2교시부터 6교시까지 5시간을 연속해서 진행했는데 우선, 하루 동안 해야 할 것을 전체적으로 알려 주었다. 이에 따라 지난 프로젝트 데이 때 선택한 문화유산을 모둠별로 조사해 정리하게 했다. 책이나 인터넷에 있는 문화유산에 대한 다양한 글들을 읽고 내용을 추론하고 요약해 정리하게 했고, 조사하고 정리한 내용은 피드백을 통해 수정 보완하도록 했다. 또한 이를 바탕으로 유물이나 유적의 특징이 드러나게 역사 큐레이터 대본을 쓰게 했다.(★평가 5, ★

평가 6, ★평가 7) 큐레이터 대본 역시 대본에서 어려운 내용은 무슨 뜻인지 물어보면서 아는 것만 설명할 수 있도록 확인했고 교사가 설명해 줄 수 있는 것은 꼼꼼히 풀어서 알려 주었다. 마지막으로 간단한 소품을 만들고 역사 큐레이터 연습을 하도록 했다. 현장체험학습 때 사용할 휴대용 마이크 두 대를 미리 구입해 아이들이 연습할 때도 사용할 수 있도록 했다.

여진으로 계속 연기되면서 못 가겠구나 생각했던 경주로의 현장체험학습은 교장 선생님의 든든한 지원 속에서 드디어 출발할 수 있게 되었고 현장체험학습 전날 아이들과 함께 역사 큐레이터 최종 리허설을 했다. 아이들도 못 간다고 포기했던 경주 현장체험학습을 간다는 생각에 무척 신나 했다. 특히 이날 역사 큐레이터 최종 리허설은 내 교직 생활 중 가장 행복했던 시간이었다. 수업 시간 내내 집중하면서도 즐겁게 게다가 너무나 멋지게 큐레이터 활동을 하는 아이들의 모습에 교사로서 너무나 짜릿했던 순간이었다.

모둠별 역사 큐레이터 연습 [그림 11]

역사 큐레이터 최종 리허설 [그림 12]

결과 발표하기 및 평가 – 경주 현장체험학습(7차시)

경주 현장체험학습 큐레이터 활동 [그림 13] [그림 14] [그림 15] [그림 16]

드디어 떠나게 된 경주. 9시부터 역사 큐레이터 활동을 시작해야 했기 때문에 다른 현장체험학습보다 이른 7시에 학교에 모여 출발했다. 우리 반은 아이들에게 큐레이터 대본을 외우고 했는데 2반의 경우 설명 자료를 준비하게 해서 내 생애 가장 준비물이 많은 현장체험학습이었다.

오전에는 불국사(석가탑, 다보탑, 대웅전, 관음전)와 분황사에서 1반인 우리 반이, 오후에는 경주박물관(금관, 황금의 나라)과 금관총에서 2반이 큐레이터 활동을 했는데 (★ 평가 2) 지진으로 인해 관광객이 거의 없었기 때문에 역사 큐레이터 활동을 하기에 너무나 안성맞춤이었다. 경주로 현장체험학습을 가 본 선생님들은 알겠지만 제대로 된 견학도 못할 정도로 사람이 많은 10월에 불국사에서도 경주박물관 전시실에서도 역사 큐레이터 활동을 할 수 있었던 것은 엄청난 행운이었던 것 같다.

현장체험학습을 다녀온 뒤 아침 자습 시간을 활용해 PBL 정리 활동으로 PBL

평가 및 성찰 일지 작성을 했다. 프로젝트도 PBL도 놓칠 수 없었던 당시의 남대구초에서는 평가와 성찰 일지 작성을 두 번씩 했다.

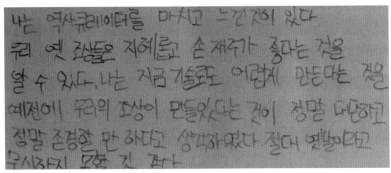

PBL 성찰 일지 내용 중 일부 [그림 17]

경주를 다녀와서(8차시)

경주 현장체험학습 견학문 쓰기(8차시)

차시	활동 및 내용		관련 교과 및 시수
24-31/51	○경주 현장체험학습 견학문 쓰기 · 호응 관계가 올바른 문장 구성하는 방법 알기 · 견문과 감상이 드러나는 견학문 쓰기 ★평가 8 ★평가 9	네 번째와 다섯 번째 프로젝트 데이	국어 8 (4단원)

경주 현장체험학습 견학문을 쓰기 위해서 먼저 견문과 감상, 문장의 호응 관계에 대해 교과서로 공부했다. 프로젝트 수업을 할 때에도 교과서를 활용하는 것이 적절하다면 사용하는 것이 좋다.

이후 경주 현장체험학습을 통해 보고 느낀 점을 교과서에 정리해 확인받게 했고 이것을 바탕으로 견학문을 완성하도록 했다.

학생들이 쓴 견학문은 모둠 구성원들끼리 서로 견문과 감상, 문장 성분의 호응 관계에 초점을 두어 점검을 하도록 했고 이후 교사의 피드백을 받고 최종 견학문을 완성했다.(★평가 8, ★평가 9)

경주를 다녀와서 활동은 4시간씩 두 번의 프로젝트 데이로 운영했는데 교과서에 견문과 감상을 정리하는 데까지 4시간, 견학문을 쓰고 수정해 최종 견학문을 완성하는 데 4시간을 배정해 충분히 경주 현장체험학습을 되돌아보면서 글을 쓸 수 있도록 했다.

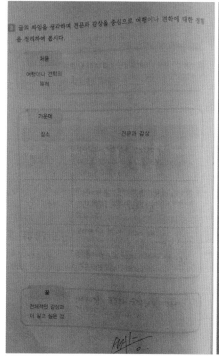

견문과 감상 정리하기 [그림 18]

완성된 경주 견학문 [그림 19]

미니 역사 도록 만들기(12차시)

미니 역사 도록 만들기(12차시)

차시	활동 및 내용	관련 교과 및 시수
32-43/51	ㅇ미니 역사 도록 만들기 · 도록에 대해 알아보기 · 고려시대와 조선시대의 대표 작품 정리하기 ★평가 3, ★평가4 · 역사 도록 만들기 ★평가10 · 미니 역사 도록 전시회 하기	사회 6 미술 6

　　미니 역사 도록 만들기 활동은 아이들에게 미션 상황을 제시하는 것으로 시작했다. '앞으로 얼마 후 지구는 멸망한다. 우리에게 고려와 조선의 문화재를 다섯 개씩 선정해 도록으로 남기는 임무가 주어졌다. 그래서 우리 후손들이 꼭 기억해야 하는 역사 도록을 만들자.'

　　우선 도록이란 어떤 것인지를 설명하고 실제로 다양한 도록을 살펴보았다. 그리고 사회 교과서, 미술 교과서의 내용을 아이들과 함께 살펴보고 설명한 다음 고려와 조선의 대표적인 문화재를 정리하게 했다.(★평가 3, ★평가 4) 조선의 경우 특히 세종 대의 과학과 문화를 꼼꼼히 살폈다.

　　역사 도록 책자는 역사 도록이라는 콘셉트에 맞는 책자를 제작하기 위해서 책 만들기 전문 강사를 초청해 제작했다. 이후 완성된 도록 책자에 문화재 사진과 조사 정리한 내용을 써서 역사 도록을 완성했다.(★평가 10)

　　마지막으로 완성한 역사 도록으로 전시회를 열었는데 교문에서 학교 건물로 들어오는 길목에 전시장을 만들어서 하교하는 다른 학년 동생과 6학년에게 보여 주고 설명도 해 주었다.

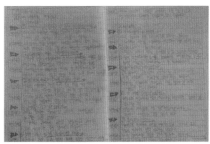
역사 도록 자료 정리하기 [그림 20]

책 만들기 전문가 수업 [그림 21]

완성한 역사 도록 [그림 22]

역사 도록 전시회 [그림 23]

조상의 숨결을 따라(7차시)

조상의 숨결을 따라(7차시)

차시	활동 및 내용	관련 교과 및 시수
44-50/51	O조상의 숨결을 따라 · 장구 장단 익히기 　　　· 장단에 맞게 노래 부르기 · 간단한 동요 단소로 연주하기 O조상의 숨결을 따라 발표회 · 개인 혹은 모둠별로 장구나 단소 연주하기 ★평가 11, ★평가 12	음악 7

　　조상의 숨결을 따라 활동에서는 장구와 단소를 배워 연습하고 작은 발표회를
통해 실제로 연주하는 경험을 가졌다. 장구는 장구 전문가를 초청해 5시간 동안 지

도를 받았고 단소는 교과서에 나오는 간단한 곡을 지도했다. 특히 장구 선생님에게는 작은 발표회에서 연주를 해야 하니 5시간 동안 배워서 할 수 있는 곡으로 지도를 부탁드렸다.

남대구초등학교에는 작은 발표회라는 행사가 있는데 신청부터 진행까지 아이들의 힘으로 이루어지는 자치 활동이다. 2016년에는 분기별로 한 번씩 행사가 열렸는데 우리는 세 번째 행사에 참가 신청을 해 1, 2반 반별 전체 아이들이 함께한 장구 연주와 희망자들만 신청한 단소 연주를 통해 조상의 숨결을 따라 발표회를 마무리했다.(★평가 11, ★평가 12)

장구 전문가 수업 [그림 24]   조상의 숨결을 따라 발표회(작은 발표회) [그림 25]

닫으며(1차시)

차시	활동 및 내용	관련 교과 및 시수
51/51	○'우리 민족 대단해요' 프로젝트 성찰하기 · 프로젝트에 관한 성찰 일지 쓰기	국어 1

프로젝트를 닫으며에서는 전체 프로젝트 활동을 PPT로 보면서 프로젝트를 되돌아보는 시간을 가졌다. 그리고 프로젝트 성찰 일지를 프로젝트를 마무리했다.

:STEP3 프로젝트 돌아보기

남대구초등학교의 첫 프로젝트 수업이었던 '우리 민족 대단해요'. 여름 방학 동안 프로젝트와 PBL을 짜면서 설레임, 기대감, 불안감으로 두근두근했던 기억이 떠오른다. 또한 경주 지진으로 인해 프로젝트의 가장 핵심이었던 경주 현장체험학습과 역사 큐레이터 활동에 대한 걱정으로 매일 뉴스를 확인했던 기억도 있다. 5년이 지난 지금 이렇게 정리를 하면서도 그때의 기억이 생생하다. 그때 같이했던 우리 아이들도 나처럼 우리 민족 대단해요를 기억한다면 참 좋겠다는 생각이 든다. 얘들아, 우리 민족 대단해요 기억나니? 경주 지진, 역사 큐레이터 활동 기억나니?

당시 교장이셨던 안영자 교장 선생님께서는 '우리 민족 대단해요' 프로젝트 계획을 세우는 데 많은 의견과 도움을 주셨고 경주로의 현장체험학습을 허락해 주셔서 프로젝트 수업을 제대로 진행할 수 있었다. 특히 프로젝트 제목도 교장 선생님의 아이디어였는데 두 엄지손가락을 세우며 '우리 민족 대단해요~'라고 말씀하시며 이걸 프로젝트 이름으로 하자고 말씀하시던 모습이 눈에 선하다. 프로젝트를 알게 해 주시고 세세하게 가르쳐 주셨고 든든한 지원군 역할까지 해 주셨던 안영자 교장 선생님께 다시 한 번 감사드린다.

프로젝트 수업을 계획하고 진행할 때는 잘 몰랐는데 이렇게 글로 정리하면서 보니 '우리 민족 대단해요'에서 부족했던 부분이 몇 가지 있었다. 첫째는 전체적으로 수업의 세밀함이 많이 부족하다는 것이다. 아무래도 처음으로 50차시의 프로젝트를 짜고 PBL까지 넣으려고 하다 보니 수업의 세세한 부분까지 생각하지 못하고 크게 크게 덩어리로만 대했던 것 같다. 둘째는 평가부분이다. 지금은 교수평기 일체화로 평가에 대해 많이 강조하고 있지만 2016년은 아직 과정 중심 평가를 강조하기 이전이다 보니 평가에 대한 세밀함도 부족한 면이 많이 보인다. 하나하나의 성취기준에 너무 얽매이는 것도 문제이지만 가르쳐야 할 것을 제대로 가르치지 못하는 것은 더 큰 문제라고 생각한다. 수업에서 좀 더 성취기준에 도달시키기 위한 의도적인 노력이 필요했지 않았나 하는 생각이 들었다.

우리 민족 대단해요 프로젝트는 2016학년도 남대구초등학교에서 서영미 선생님과 함께 계획해 실천한 프로젝트다.(2009 교육과정)

[그림 26]

04

백년의 약속: 헌법과 깨어 있는 삶

:STEP1 **프로젝트 설계하기**

백년의 약속 프로젝트는?

대한민국 헌법 한 줄 한 줄은 민주화에 노력한 시민들의 땀이 모여서 이룬 약속이다.

많은 나라의 학생들은 초등학교부터 계속해서 헌법을 배우고 헌법을 통해 자기 나라의 역사를 이해하고 건강한 권리의식과 애국심을 키우며 시민으로서 알아야 할 국가 운영의 기본원리를 익힌다고 한다. 헌법교육은 민주시민교육의 가장 중요한 내용이라고 믿기 때문이다.

'백년의 약속' 프로젝트는 헌법 읽기 프로젝트다. '백년의 약속(조유진의 헌법 이야기인 《백년의 약속》과 동일한 제목)'이라는 제목을 가지고 온 이유는 2019년이 되면서 대한민국임시정부의 임시헌법이 제정된 지 백년을 맞았기 때문이다.

이 프로젝트는 헌법을 읽고 해석하는 과정을 통해 헌법의 의미와 역할을 탐색해 보고 법치국가의 의미와 우리 사회의 규범을 이해하고 자신과 타인의 권리와 의무, 인권이 왜 소중한지를 탐구해 보기 위한 프로젝트다.

프로젝트 수업 한눈에 보기

삶	활동 주제	탐구 질문	활동 및 내용	교과(시수)	
깨어 있는 삶	프로젝트 만나기		○프로젝트 소개	사회	1
	앎(알기) –함께 읽는 헌법	대한민국 헌법에는 어떤 내용이 담겨 있을까?	○헌법의 위상과 의미, 역할 알아보기		2
			○대한민국 헌법 읽기 ○헌법에서 인권에 대한 구절 찾아 밑줄 긋기		4
	봄(살펴보기) –권리와 의무	우리 주변의 법의 모습은?	○헌법 속 권리와 의무 구절 찾고 해석하기 ○생활 속에 적용된 권리와 의무의 모습 알아보기		2
			○법의 의미와 성격(역할)을 의논하고 발표하기 ○생활 속에 적용된 법의 모습 알아보기		2
	행(실천하기) –내 손으로 만드는 법	법은 어떻게 만들어지는가?	○생활 속 필요한 법안 만들기 ○우리 교실에 필요한 법 제안하기		1
			○법안 쓰기 및 다듬기 ○법안 공유하기		3
	깨어 있는 삶		○깨어 있는 삶을 살기 위한 의지 다지기 ○'헌법' 글자 시각적으로 표현하기 ○프로젝트 되돌아보기, 성찰 일지 쓰기		2

교과서 관련 단원 및 시수

교과	단원	시수
사회	2.인권 존중과 정의로운 사회	17
계		17

평가

순	교과	성취기준	평가 문항	평가 방법
1	사회	인권 보장 측면에서 헌법의 의미와 역할을 탐구하고, 그 중요성을 설명한다.	헌법 책에서 인권과 관련된 부분을 찾고 그 중요성에 대해 설명할 수 있는가?	관찰 평가 결과물 평가
2		헌법에서 규정하는 기본권과 의무가 일상생활에 적용된 사례를 조사하고, 권리와 의무의 조화를 추구하는 자세를 기른다.	헌법 책에서 기본권과 의무와 관련된 내용을 찾고 그 뜻을 해석할 수 있는가?	관찰 평가 결과물 평가
3		우리 생활 속에서 법이 적용되는 다양한 사례를 제시하고, 법의 의미와 성격을 설명한다.	법의 의미와 성격을 다양한 사례를 들어 설명할 수 있는가?	관찰 평가 결과물 평가 상호 평가
4		법의 역할을 권리 보호와 질서 유지의 측면에서 설명하고, 법을 준수하는 태도를 기른다.	법안 만들기에 관심을 가지고 적극 참여하는가?	관찰 평가

:STEP2 프로젝트 실천하기

만나기(1차시)

백년의 약속 프로젝트 만나기(1차시)

활동 주제	차시	활동 및 내용	관련 교과 및 시수
프로젝트 만나기	1/17	O '백년의 약속' 프로젝트와 만나기 · 프로젝트 소개 · 성취기준 및 탐구 질문 확인하기 · 활동 예상하기	사회1

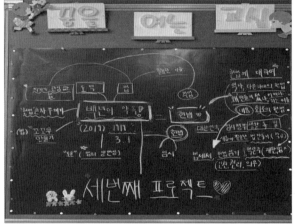

프로젝트 소개 및 활동 예상하기[그림 01]

프로젝트 공책 표지[그림 02]

　　백년의 약속 프로젝트는 칠판에 '백년의 약속'이라 쓰고 학생들에게 "이번 프로젝트 제목은 '백년의 약속'인데 도대체 백년의 약속은 어떤 약속일까요? 누가 누구랑 한 약속일까요?"라는 물음과 함께 시작했다. 성취기준표를 꺼내 함께 읽고 이 성취기준을 통해 우리가 탐구해야 할 내용을 질문으로 정리한 것(세 개의 탐구 질문)을 제시했다. 그런 다음 교과서를 살펴보게 하고 탐구 질문 해결을 위해 어떤 활동을 하면 좋을지 의견을 내게 하고 이를 프로젝트 활동 흐름판에 정리했다. 수업자가 미리 예상해 만들어 놓은 프로젝트 레시피에서 크게 벗어나는 활동들이 없었기 때문에 아이들의 의견도 대부분 수용해 흐름판에 적고 조금 더 세부적인 부분은 필자가 추가하면서 흐름판을 완성하고 공책에 이 흐름을 써 보면서 첫 시간을 마쳤다.

앎(알기) – 함께 읽는 헌법(6차시)

헌법에 대해 알아보기(2차시)

활동 주제	탐구 질문	차시	활동 및 내용	관련 교과 및 시수
앎(알기) 함께 읽는 헌법	대한민국 헌법에는 어떤 내용이 담겨 있을까?	2–3/17	○헌법의 위상과 의미, 역할 알아보기 · 헌법 관련 영상 보기 · 우리나라 헌법에 관한 자료 읽기 (읽기 자료: 《백년의 약속》(조유진, 2019) – 현재 헌법의 근간이 된 1919 – 임시헌장 살펴보기 – 마침내 탄생한 헌법(55–65) – 우리 헌법의 권리장전(82–104) · 프랑스 혁명과 영국 대헌장, 미국 헌법 제정 과정 영상	사회 2

2~3차시는 헌법을 읽기 전 활동으로 헌법 그 자체에 대해 알아보는 시간이다. 헌법에 대한 기본적인 정보를 제공하는 것이 필요한데, 사실 아이들에게 정보 검색을 시켜도 되지만 그렇게 하면 시간이 많이 들고 드는 시간과 수고에 비해 조사 범위가 한정되어 있어(대부분 같은 포털 사이트를 활용하므로) 아이들이 찾아내는 내용에

한계가 많다. 그래서 필자가 직접 선정하고 정리된 읽기 자료와 영상 자료(유튜브에서 적절한 내용과 길이의 영상 선정)를 제공, 집중적으로 탐독한 뒤 프로젝트 공책에 그 내용들을 정리하는 것이 효율적이라 판단되어 수업자 강의 중심으로 수업을 진행했다. 특히 조유진의 《백년의 약속》은 초등학생이 읽기에 아주 적합한 어휘와 문장으로 쓰인 책이기 때문에 읽기 자료를 선정할 때 큰 도움이 되었다.

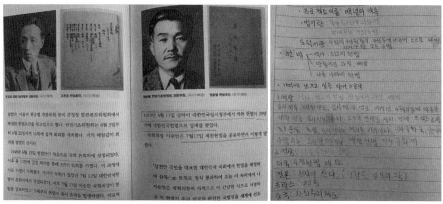

백년의 약속 읽기 자료 [그림 03]   영상 내용 및 읽기 자료 정리하기 [그림 04]

헌법 읽기(4차시)

활동 주제	탐구 질문	차시	활동 및 내용	관련 교과 및 시수
앎(알기) 함께 읽는 헌법	대한민국 헌법에는 어떤 내용이 담겨 있을까?	4~7/17	○대한민국 헌법, 책으로 읽기 · 헌법 책 읽기 ○헌법이 담고 있는 내용 살펴보기 · 우리나라 헌법 제1조와 여러 나라의 헌법 제1조 비교해 보기 · 권리와 의무의 뜻 알아보기(교과서) · 《대한민국헌법》을 읽으며 헌법 속 권리와 의무 구절을 찾고 밑줄 긋기 · 다함께 의미 해석하기(교과서 함께 활용)	사회 4

《대한민국헌법》이라는 손바닥만 한 책이 시중에 나와 있다. 이 책을 학기 초에 반 학생 수만큼 구입해 두었다. 드디어 헌법을 읽을 시간이다. 학생들은 기대에 찬 손짓으로 책을 넘긴다.

부푼 기대도 잠시. 어렵고 무슨 말인지 모르겠는 문장 앞에서 아이들의 부푼 기대는 5분도 채 되기 전에 사그라들었다. 그래서 만일에 대비해 검색해 둔 영상(헌법 읽어 주는 영상)을 보면서 함께 읽어 나갔다.

《대한민국헌법》 읽기 [그림 05]   헌법이 담고 있는 내용 살펴보기 [그림 06]

그리고 교과서를 활용해 헌법이 담고 있는 내용 살펴보기를 진행했다.(★평가 1) 아이들은 이 활동을 통해 교과서에 실린 권리와 의무의 내용이 원래 헌법에는 어떻게 담겨 있는지를 알게 되었다. 교과서만 보았다면 헌법, 권리와 의무에 대한 단편적인 지식만 암기하였을 텐데 헌법 읽기를 통해 헌법이라는 전체적인 맥락 속에서 권리와 의무의 실체를 확인하는 계기가 되었다. 부분만 아는 것과 전체 중 부분을 아는 것은 참으로 다른 차원의 배움이다.

봄(살펴보기) – 권리와 의무(4차시)

헌법 속 권리와 의무(2차시)

활동 주제	탐구 질문	차시	활동 및 내용	관련 교과 및 시수
봄(살펴보기)– 권리와 의무	우리 주변의 법의 모습은?	8–9/17	○헌법 속 권리와 의무 · 생활 속에 적용된 권리와 의무의 모습 알아보기 · 사이 토론	사회 2

헌법 속 권리와 의무 구절 해석 및 생활 속 적용된 모습 찾아보기 [그림 07] [그림 08]

　　헌법 속에 제시된 권리와 의무 구절을 찾고 그 뜻을 해석해 본 후(★평가 2) 우리 생활 속에서 적용된 사례들을 교과서와 영상을 중심으로 살펴보고 발표를 했다. 그러던 중 코로나19 확진자의 동선 공개에서 사생활 및 개인정보 보호와 관련된 뉴스를 접하게 되었다. 원래 첫 시간에 권리 및 의무와 관련해 활동을 정할 때 토론 주제는 셧다운제에 대한 찬반 토론이었는데 아이들이 코로나19 확진자의 동선 및 신상 정보 공개를 두고 찬반 토론을 하고 싶다고 해서 계획을 수정해 이 주제로 2차에 걸쳐 토론을 했다.

사이 토론 [그림 09] [그림 10]

우리 생활과 법(2차시)

활동 주제	탐구 질문	차시	활동 및 내용	관련 교과 및 시수
봄(살펴보기)- 권리와 의무	우리 주변의 법의 모습은?	10-11/17	○법에 대해 알아보기 · 법의 의미와 성격(역할) 알아보기 ○생활 속에 적용된 법의 모습 알아보기 · 우리 생활 속 법은 어떻게 적용되는지 다양한 모습 찾아보기	사회 2

법의 의미와 성격 알아보기 및 생활 속 적용된 모습 찾아보기 [그림 11] [그림 12]

이쯤 되니 아이들은 과연 '법은 무엇인가'하는 의문을 강하게 가지게 되었다. 그리고 두 차례의 토론을 거치면서 법이 우리 주변에 어떤 모습으로 존재하는지 관심을 가지게 되었다. 그래서 법과 도덕에 대해서도 알아보고 교과서 및 다양한 자료들을 통해 우리 생활 속에 적용된 법의 모습을 찾아보도록 했다.(★평가 3) 이 활동은 모둠별로 역할을 나누어 정보 검색 활동을 해 자료를 정리하고 발표하도록 했다. 그러나 법의 적용 모습이 생각보다 다양하게 나오지 않았다. 내용이 교통, 식품, 놀이터 안전 등에 집중되어 있었다. 아무래도 검색한 정보에 초등학생이 이해할 수 있는 수준의 자료들이 많지 않았던 것이 가장 큰 문제였던 것 같다. 특히 의료, 산업, 산림, 무역, 자치 관련은 내용이 지나치게 어려웠다. 모둠별 발표가 끝난 후 좀 더 구체적인 사례 확인 및 내용 추가를 위해 법제처 홈페이지에 제시된 사례(식생활, 정보통신, 스포츠, 대중문화)를 소개하면서 활동을 마무리했다.

행(실천하기) – 내 손으로 만드는 법(4차시)

법안 만들기(4차시)

활동 주제	탐구 질문	차시	활동 및 내용	관련 교과 및 시수
행(실천하기)– 내 손으로 만드는 법	법은 어떻게 만들어지는가?	12–15/17	O생활 속 필요한 법안 생각하기 · 법제처 홈페이지 나들이하기 · 생활 속 다양한 법안 살펴보기 · 우리 교실에 필요한 법 제안하기 O법안 만들기 · 법안 쓰기 및 다듬기 · 법안 공유하기	사회 4

우리 생활 속 특히 교실에서 필요한 법을 직접 만들어 보는 시간을 가졌다.

우선 법제처 홈페이지에 들어가서 다양한 법안 읽어 보기를 했고 사람들이 올린 생활 속에서 꼭 필요하다 생각되는 각종 법안들을 읽고 검토해 보았다. 법안 만들기를 위해 토의하는 시간을 가지고 모둠별로 법안 만들기를 했다. 모둠별로 다양한 법안이 만들어질 것이라 생각했는데 생각보다 그렇게 다양한 의견이 나오지는 않았다.

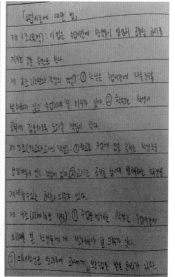

법안 만들기 [그림 13] [그림 14]

우여곡절 끝에 다듬기와 수정 작업(한 문장 한 문장 결국은 교사의 손을 거쳐야 했기 때문에 솔직히 힘든 작업이었다.)을 거쳐 법안이 만들어졌다.(★평가 4) 그리고 만들어진 법안 발표회를 가졌다. 발표를 들으면서 좋은 법안이긴 하지만 현실적으로 실천이 불가능하다 등 서로 피드백을 주고받았다.

깨어 있는 삶(2차시)

활동 주제	차시	활동 및 내용	관련 교과 및 시수
프로젝트 마무리하기	16-17/17	○깨어 있는 삶을 살기 위한 의지 다지기 · 법이 삶에 어떤 영향을 끼치는지 이야기 나누기 · '헌법' 글자 시각적으로 표현하고 전시하기 ○프로젝트 되돌아보기, 성찰 일지 쓰기	사회 2

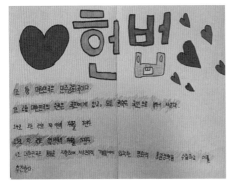

'헌법' 글자 디자인하기 [그림 15]

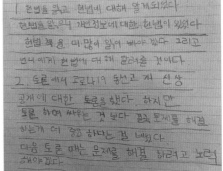

성찰 일지 쓰기 [그림 16]

프로젝트를 마무리하면서 찍어 두었던 사진과 결과물들을 보면서 지금까지 진행했던 프로젝트를 되돌아보는 시간을 가졌다. 성찰 일지는 이번 프로젝트를 통해 알게 된 점, 느낀 점 등을 위주로 나의 삶과 배움에 어떤 영향을 끼쳤는지를 생각하며 작성하게 했다.

법은 우리 삶에 많은 영향을 끼치고 있으며 그 법을 좀 더 잘 지키고 싶다거나 헌법을 읽어 본 경험이 특별했다고 쓴 학생들이 많았다. 그리고 마지막으로 아이들이 너무나 하고 싶어 했던 활동인 헌법 글자 디자인하기 활동을 하고 헌법이 담고 있는 내용 중 자기가 가장 좋아하는 문구를 써 보는 활동을 했다. 이 활동의 후기는 프로젝트 돌아보기에서 서술하겠다.

:STEP3 프로젝트 돌아보기

지금까지 5학년을 여러 해 맡으면서 가장 가르치기 '힘들었던' 교과가 바로 사회였다. 왜냐하면 구태의연한 내용을 교과서보다 더 구태의연하게 가르쳐야 했기 때문이다. 심지어 아이들의 삶과 직접적으로 관련시키기에 '법'이란 참으로 멀게 느껴지는 것이었다. 그러던 중 만난 '백년의 약속'이라는 프로젝트는 필자에게도 아이들에게도 흥미롭게 다가왔다.

특히 손바닥만 한 책《대한민국헌법》은 아이들의 가슴을 뛰게 하는 데 충분했다. 헌법 교육이 거의 이루어지지 않는 우리나라에서 헌법을 완독했다는 것은 아마 앞으로도 하기 힘든 소중한 경험이 되었을 것이다.

이 프로젝트는 실로 값진 시간을 선물해 주었지만 그럼에도 불구하고 진행하면서 아쉬웠던 부분이 있다. 법안 만들기를 할 때 만드는 과정에서 너무 진땀을 뺐다. 그래서였는지 그것을 교실에서 직접 실천, 적용하는 데까지 연결하지 못했다는 점이다. 아이들은 법안을 만들면서 공감하고 실천하면서 좀 더 나은 삶을 살기를 목표로 설정했는데 다듬기를 거쳤지만 여전히 실천하기에는 많은 부분이 너무나 이상적이고 현실적으로 감당이 안 되는 부분들(예를 들면, 교사의 자격을 박탈시킨다 등)이 있었다. 그렇지만 시간이 지난 지금 생각해 보면 있는 그대로 실천해 보면서 한계점과 문제점을 직접 느껴보는 것도 좋은 경험이 될 수 있지 않았을까 하는 생각이 든다.

그리고 핑계 같은 팩트. 언제나 시간이 부족하다는 것. 시간 절약을 위해 최대한 정보나 자료 검색 시간을 줄이고자 필자가 많은 부분에서 시의적절한 자료를 제공했지만 아이들이 충분히 탐구하기엔 턱없이 부족했다. 시간만 좀 더 허용되었다면 아이들이 하고 싶어 했던 활동인 '직업' 찾기 관련 활동과 '꼬꼬무(헌법 이야기 와 관련된 이야기 만들기)' 활동도 해 보았을 텐데 아쉽다.

2부. 참 좋은 열두 살, 프로젝트 수업으로 성장하다 | 137

이 프로젝트의 공로자는 조유진의 《백년의 약속》이라는 책이다. 꼭 필요한 내용과 사진들을 초등학생의 수준에 맞게 헌법 이야기를 아주 잘 풀어놓은 책이었다. 학교 도서관에 한 반 분량 정도는 꼭 구비해 두면 좋을 것 같다.

마지막으로, 필자에게는 사실 긴가민가했던 활동, 프로젝트 마무리 단계 활동을 정할 때 아이들이 한목소리로 꼭 해 보고 싶다는 활동이 있었는데 바로 '헌법' 글자 디자인하기였다. 마무리 활동이기도 하고 미술적 요소를 넣는 것도 좋겠다 싶어서 이 활동을 승인하긴 했지만 필자에게는 사실 크게 의미 있게 와닿지 않았다. 그래서 이 활동을 할 때 왜 이 활동이 그렇게 하고 싶었느냐고 아이들에게 물었을 때 '우리 헌법이 멋있다.', '헌법에는 멋진 말이 많다.', '뭔가 가슴이 뛴다. 그래서 크게 써 놓고 싶다.'라고 말했다. 그래서 한동안 아이들이 디자인한 '헌법' 글자를 교실에 전시해 두었다.

헌법. 이 두 글자가 당신의 가슴을 뛰게 하는가.

백년 동안 수많은 희생을 통해 만들어진 약속이, 지금 우리 아이들의 가슴을 뛰게 했다면 이 프로젝트는 그 자체만으로도 성공적이었다고 말하고 싶다.

백년의 약속 프로젝트는 김미하 선생님이 기획한 프로젝트를 2021년 성영미 선생님이 실천하고 기록한 프로젝트다.(2015 교육과정)

소나기 문학상: 문학 감수성을 꽃피우다

:STEP1 프로젝트 설계하기

소나기 문학상 프로젝트는?

이 프로젝트는 교과 내 프로젝트로서 '참 좋은 열두 살의 아홉 가지 삶' 중 '생각하는 삶'으로, 5학년 1학기 국어 독서단원과 경험한 일 쓰기 단원을 재구성해 디자인했다.

이 프로젝트는 종이 책의 장점을 통해 '책을 읽는 것'이 무엇이며, '지금까지 어떻게 읽어 왔고 앞으로 어떻게 읽을 것인지' 특히 '문학을 향유하고 창조하는 삶을 사는 것'이 무엇인지 경험해 보고, 나아가서는 종이 책을 비롯한 다양한 형태의 '책'이 가지는 의미의 확장과 책의 운명, 시간과 지면이라는 물리적 한계를 가지고 있는 종이 책은 앞으로 어떻게 변하고 달라져 갈 것인지 함께 생각해 보는 활동을 중심으로 디자인된 프로젝트다.

또한 문학 작품 감상 및 창작은 소나기(소통과 나눔으로 두 배의 기쁨) 문학상 시상식 활동과 이어지는데, 이 활동을 통해 자신의 경험을 바탕으로 한 문학 작품의 창조와 공유의 즐거움을 통해 자발적으로 문학을 감상하고 향유하는 태도를 기를 수 있을 것이다. 그리고 문학 작품을 감상하고 창조하는 과정을 통해 문학이 우리 삶에 끼치는 영향과 가치 있는 내용을 언어로 아름답게 표현한 것임을 경험함으로써 '문학적 감수성'을 기르고, 시상식을 통해 '소통하고 나누는 즐거움'을 프로젝트를 닫는 마지막 활동으로 책의 운명에 대해 한 번쯤 '생각해 보는 삶'을 사는 경험을 하게 될 것이다.

프로젝트 수업 한눈에 보기

삶	활동 주제	탐구 질문	활동 및 내용	교과(시수)	
생각하는 삶	프로젝트 만나기		○프로젝트 소개 ○성취기준 확인하고 활동 예상하기 ○탐구 질문 확인하기	국어	1
	소통의 책	어떤 책을 읽을까?	○읽은 책 목록 및 읽기 습관 나누기 ○책 소개(온책 읽기할 책 소개-《사금파리 한 조각》)		1
	나눔의 책	어떻게 읽을까?	○선정된 책 읽기 - 이야기 조각 찾기를 중심으로 책 읽기 ○읽은 작품에 대한 감상 나누기		8
	기쁨의 책	어떻게 나눌까?	○소나기 문학상 안내하기 ○나의 경험을 문학적으로 표현하기 ○돌려 읽기하며 수정하기 ○문학 작품 발표 및 심사하기 ○소나기 문학상 시상식		9
	생각하는 삶		○현대의 다양한 형태의 책을 알아보고 종이 책의 미래에 대한 생각 나누기 ○프로젝트 되돌아보기, 성찰 일지 쓰기		1

교과서 관련 단원 및 시수

교과	단원	시수
국어	0. 독서단원	10
	10. 주인공이 되어	10
계		20

평가

순	교과	성취기준	평가 문항	평가 방법
1	국어	의견을 제시하고 함께 조정하며 토의한다.	말하는 순서와 예의를 지키고 경청하며 토의하는가?	토의 장면에서의 관찰 평가
2		자신의 읽기 습관을 점검하며 스스로 글을 찾아 읽는 태도를 지닌다.	자신이 읽은 책의 목록과 읽기 습관을 말하고 스스로 글을 찾아 읽으려는 태도를 지니는가?	발표 장면 및 독서태도 관찰 평가
3		일상생활의 경험을 이야기나 극의 형식으로 표현한다.	일상생활의 경험을 단순 기록에서 벗어나 문학적 특징을 넣어 이야기나 극의 형식으로 표현하는가?	창작한 작품 평가
4		작품에 대한 이해와 감상을 바탕으로 하여 다른 사람과 적극적으로 소통한다.	다른 친구의 작품을 읽고 피드백하며 자신이 창작한 작품을 발표하고 시상식에 즐겁고 적극적으로 참여하는가?	활동지 및 발표 내용과 발표 장면

:STEP2 **프로젝트 실천하기**

만나기(1차시)

소나기 문학상 프로젝트 만나기(1차시)

활동 주제	차시	활동 및 내용	관련 교과 및 시수
프로젝트 만나기	1/20	O소나기 문학상 프로젝트와 만나기 · 프로젝트 소개하기 · 성취기준 확인하고 활동 예상하기 · 탐구 질문 확인하기	국어 1 (0단원)

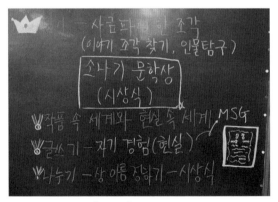

프로젝프 활동 흐름판 [그림 01]

　　소나기 문학상 프로젝트는 학급에서 하고 있는 온책 읽기 활동과 연관되는 수업이다. 하나의 책을 독서단원에서 함께 읽고 자신의 경험을 이야기나 극의 형식이라는 문학 장르로 창조적인 글쓰기를 하고 서로의 글을 공유한 후 문학상 시상식 형태를 통해 문학을 창조하고 향유하는 즐거움을 누리기 위한 프로젝트임을 소개했다. 이와 관련된 성취기준과 탐구 질문을 확인한 후 프로젝트 소개를 마쳤다.

소통의 책(1차시)

읽을 책 정하기(1차시)

활동 주제	탐구 질문	차시	활동 및 내용	관련 교과 및 시수
소통의 책	어떤 책을 읽을까?	2/20	ㅇ읽기 습관 점검하기 · 읽은 책 목록 및 읽기 습관 나누기 － 주로 읽는 책이 무엇이며 어떻게 읽는지 나누기 ㅇ책 소개하기 · 함께 읽을 책 소개하기 － 온책 읽기 대상 책 소개하기(《사금파리 한 조각》)	국어 1 (0단원)

읽을 책 소개하기 [그림 02]

　지금까지 자신이 읽은 책의 제목을 적어 보고 어떻게 읽고 있는지 발표를 하고 올바르게 책을 읽고 있는지 서로의 생각을 나누었다.(★평가 1) 바른 읽기 습관을 점검해 본 후 다 함께 읽을 책을 소개했다. 학생 각자가 다른 책을 읽는 것보다 같은 책을 정해 함께 읽으면 책을 읽는 활동 과정이나 활동 결과 공유, 느낌 공유 등 책 나누기 활동이 용이하다. 이미 읽은 비문학 텍스트인 '흙으로 빚은 역사, 도자기'에 이어 다 함께 읽게 되는 문학 테스트는 《사금파리 한 조각》이라는 책이다. 이 책은 '도자기'와 관련한 텍스트로 도자기와 관련한 경험을 직·간접적으로 확장할 수 있는 텍스트다.

나눔의 책(8차시)

책 읽고 나누기(8차시)

활동 주제	탐구 질문	차시	활동 및 내용	관련 교과 및 시수
나눔의 책	어떻게 읽을까?	3–10/20	○책 읽기 · 선정된 책 읽기 – 이야기 조각 찾기를 중심으로 책 읽기 ○감상 나누기 · 읽은 작품에 대한 감상 나누기 – 작품을 다 읽고 한 번만 나누는 것이 아니라 찾은 이야기 조각을 중심으로 매번 감상 나누기	국어 8 (0단원)

감상 나누기 [그림 03]

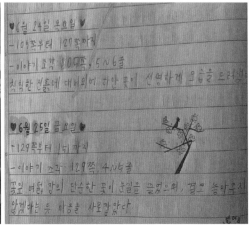
이야기 조각 [그림 04]

《사금파리 한 조각》은 두께가 꽤 되는 책이기 때문에 국어 시간 몇 차시로 감상과 병행하면서 다 읽어 내기는 힘든 책이다. 그래서 아침 독서 시간과 쉬는 시간, 다른 수업 시간 틈틈이 쪽수를 정해 읽고, 온책 읽기 연구 노트에 자신이 생각하는 감상 포인트인 '이야기 조각'을 쓰고 이 이야기 조각을 공유하면서 감상하기 활동을 진행했다.(★평가 2)

기쁨의 책(9차시)

작품 발표 및 소나기 문학상 시상식하기(9차시)

활동 주제	탐구 질문	차시	활동 및 내용	관련 교과 및 시수

기쁨의 책	어떻게 나눌까?	11–15/20	○소나기 문학상 안내하기
			· 시상식 안내하기
			  – 심사 기준 함께 정하기 – 시상 방법 협의하기
			
			○창작하기
			· 나의 경험을 문학적으로 표현하기
			  – 문학의 가치와 표현의 아름다움, 문학적 세상을 생각하며 나의 경험을 문학 작품으로 재탄생시키기
			· 돌려 읽기며 수정하기
				국어 9 (10단원)

		16–19/20	○문학 작품 발표 및 심사하기
			· 작품 발표 및 심사하기
			  – 각자 자신의 작품을 발표하고 심사 결과 듣고 작품에 알맞은 상 이름 정하기
			○소나기 문학상 시상식
			· 소나기 문학상 시상식 행사 준비
			  – 무대 꾸미기
			  – 모두가 축하 받고 모두에게 의미 있는 시상식 하기	

작품 발표하기 [그림 05]

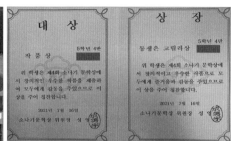

상장 [그림 06]

소나기 문학상 시상식 [그림 07]

　　작품을 쓰기 전에 문학상 시상을 염두에 둘 것을 이야기하고 심사 기준과 시상 방법을 함께 협의해 정했다. 그런 다음 《사금파리 한 조각》을 읽으면서 익힌, 문학 작품이 갖는 특징에 대한 감각을 살려 자신이 경험한 일을 떠올려 보고 자신을 주인공으로 한 작품 쓰기를 했다.(★평가 3) 1차 쓰기가 끝나면 돌려 읽기를 통해 포스트잇을 활용해 상호 피드백을 하고 수정하기 작업을 거쳤다.(★평가 3)

　　다음으로 작품 발표의 시간을 가졌으며 한 명 한 명의 작품 발표가 끝나면 작품에 대한 비평 시간을 가지고 그 작품에 알맞은 상의 제목을 학생들이 직접 토의해 정했다.(★평가 1, 3) 그리고 소나기 문학상 시상식에 필요한 몇 가지(사회자, 촬영 방법, 무대 꾸미기, 준비물 등)를 함께 협의해 정했다. 시상식을 바로 이어서 하지 못한 이유는 학생별로 상장 제목과 내용이 다 달랐기 때문에 상장을 만들고 출력하는 데 시간이 필요했고, 대상(大賞) 작품에 대한 투표도 해야 했기 때문이다. 며칠 후 여름 방학식을 하는 날 시상식을 하면서 한 학기를 마무리했다.(★평가 4)

생각하는 삶(1차시)

프로젝트 마무리하기(1차시)

활동 주제	차시	활동 및 내용	관련 교과 및 시수
프로젝트 마무리하기	20/20	○프로젝트 되돌아보기 ○책의 운명과 관련해 생각하는 삶에 대해 생각 나누고 정리하기 · 종이 책은 앞으로 어떻게 변하고 달라질 것인가 생각해 보기 · 미래에는 어떤 형태의 책이 등장할 것인지 생각해 보기 ○프로젝트에 관한 성찰 일지 쓰기	국어 1 (10단원)

프로젝트 마무리는 시상식을 마치면서 마지막 순서로 각자 소감을 말하는 형식으로 진행했다. 우리가 이번에 함께 읽고 공유했던 책은 '종이 책'의 형태인데 앞으로 종이 책의 운명은 어떻게 될지에 대해 질문했다. '아예 없어지진 않겠지만 줄어들 것이다.', '오디오북 형태가 더 발달될 것이다.', '종이 책 속에 QR코드가 더 많이 심어져 영상도 볼 수 있고 못 읽어도 들을 수 있는 형태의 책이 더 많아질 것이다.' 등의 이야기를 했다. 그럼에도 불구하고 종이 책은 왠지 계속 살아남을 것 같다고 했다. 시상식이라는 행사가 있어서였는지, 다른 프로젝트보다 아이들이 직접 진행도 하고 촬영도 하고 신나게 박수도 치고 해서인지 아이들은 1학기에 했던 프로젝트 중 이번 프로젝트가 가장 배움이 컸고 재미있었다고 했다.(★평가 1, 4)

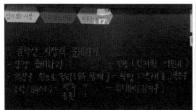  

시상식 준비하기 [그림 08]   우리가 만드는 문학 축제 [그림 09] 책갈피(상품) [그림 10]

사실 이번 프로젝트를 진행하면서 개인적으로 가장 많이 생각한 부분은 어떻게 하면 아이들의 참여를 극대화시킬 수 있을까 하는 것이었다. 이런 참여를 통해 문학을 향유하고 지속적으로 스스로 찾아서 즐겁게 책을 읽을 수 있는 어떤 동기를 만들어 주고 싶었다. 화려하고 거창하지 않지만 아이들은 스스로 무대를 꾸미고 필요한 것이 무엇인지 또 어떤 역할들이 필요한지를 생각하고 하나하나 착착 진행해 나갔다. 소나기 문학상 위원장인 필자의 역할은 고작 미리 출력해 놓은 상장과 상품(창의적체험활동 동아리 관련 예산으로 학기 초에 미리 책갈피를 구입해 두었다.) 을 전하는 것 정도였다. 나머지는 모두 아이들이 진행했다.

필자의 욕심에 대한 이야기를 마지막으로 이번 프로젝트를 마치고자 한다. 5학년을 마치면서 학급 글 모음집을 만들어 아이들에게 한 권씩 나누어 주고 싶다는 생각을 하고 있다. 그래서 평소에 아이들이 쓴 글들을 잘 수집해 오고 있다. 그 연장선상에서 나는 좀 더 좋은 작품을 싣고 싶다는 욕심에 이번 글쓰기를 할 때 아이들에게 너무 단순한 경험보다는 특별한 경험을 떠올려 보기를 계속 종용하고, 밋밋하기보다 흥미진진하고 극적인 타격감이 있었으면 하는 마음에 피드백을 할 때 한 명 한 명의 글에 지나치게 관여했음에 대단히 반성하고 있다.

쓰고 싶은 것을 쓸 때 인간은 행복하지 않을까? 개인적으로는 쓰기도 하나의 욕구라고 생각한다. 쓰기는 매우 높은 지적 수준의 작업이지만 이것저것을 떠나 기본적으로는 쓰고 싶어야 쓰는 것이다. 따라서 '쓰고 싶은 것'을 좀 더 잘 쓸 수 있도록 지도하는 것이 교사인 내가 본래 해야 할 역할이었을 것이다. 지금까지 얼마나 많은 수업들이 필자의 개인적인 욕심으로 얼룩져 왔을까를 톺아보면 뜨악하기만 하다. 녹화한 영상을 다시 보니 아이들은 시종 즐거워 보인다. 진심으로 친구를 축하해 주고 박수해 준다. 마지막에 프로젝트 돌아보기를 할 때 시간을 충분히 갖지 못한 점이 아쉽다.

소나기 문학상 프로젝트는 성영미 선생님이 기획한 프로젝트를 2021년 성영미 선생님이 실천하고 기록한 프로젝트다.(2015 교육과정)

06

하룻밤 두 날: 내가 만드는 1박 2일 여행의 참맛

:STEP1 프로젝트 설계하기

하룻밤 두 날 프로젝트는?

이 프로젝트는 교과 간 프로젝트로 '참 좋은 열두 살의 아홉 가지 삶' 중 '여행하는 삶'으로, 5학년 1학기 국어, 사회, 미술 교과를 재구성해 디자인했다.

아이들이 살아가고 있는 세상은 무궁무진하다. 하지만 학생들은 그 세상 속 일부만을 살아가고 있다. 항상 다니는 학교와 집, 우리 동네, 우리 고장 속에서 주로 살고 그곳에 익숙해 살고 있다. 아이들 주변에 있는 넓고 다양한 세상을 어떻게 하면 경험하게 할 수 있을까?

좀 더 넓은 세상에 대해 관심을 가지고 자신이 가고 싶은 지역을 정해 보게 하는 건 어떨까? 스스로 자료 수집도 하고 그 자료를 바탕으로 여행 계획을 짜 보는 건 어떨까? 항상 부모님이나 어른들이 세운 여행만을 다녀온 아이들에게 내가 가

150 | 교육과정 재구성, 프로젝트 수업을 탐하다

고 싶은 지역, 내가 계획한 여행을 경험해 보게 하는 건 어떨까?

이처럼 '하룻밤 두 날'은 우리나라라는 좀 더 넓은 지역을 자신이 스스로 세운 계획을 바탕으로 인간은 왜 여행을 하는지에 대해 생각하면서 '여행하는 삶'을 경험하기 위한 프로젝트다.

프로젝트 수업 한눈에 보기

삶	활동 주제	탐구 질문	활동 및 내용	교과(시수)	
여행하는 삶	프로젝트 만나기		○프로젝트 소개		2
	한국 한 바퀴	여행 가고 싶은 지역을 정할 때 무엇을 고려할까?	○우리나라 살펴보기 ○우리나라의 위치와 영역 알아보기	사회	3
			○모둠에서 정한 우리나라의 지역 조사하기		5
			○자신이 가고 싶은 지역 정하기		1
	나와 함께 하는 여행	자료를 바탕으로 여행 계획에 들어갈 내용을 어떻게 체계적으로 정리할까?	○자료 수집하기 ○수집한 자료 탐색하기	미술	3
			○자료 정리하기 ○여행 계획 세우기		3
			○여행할 곳 자료 만들고 소개하기	국어(2) 사회(1)	
	여행하는 삶		○여행하는 삶에 대한 생각 나누기	사회	1

교과서 관련 단원 및 시수

교과	단원	시수
사회	1. 국토와 우리 생활	13
미술	5. 그림 기호로 소통해요	6
국어	7. 기행문을 써요	2
계		21

평가

순	교과	성취기준	평가 문항	평가 방법
1	사회	우리나라의 위치와 영역이 지니는 특성을 설명하고, 이를 바탕으로 하여 국토 사랑의 태도를 기른다.	우리나라의 위치와 영역의 특징에 대해 조사하는 활동에 적극 참여하는가?	활동 장면 관찰 평가
2		우리 국토를 구분하는 기준들을 살펴보고, 시·도 단위 행정구역 및 주요 도시들의 위치 특성을 파악한다.	놀이 활동을 통해 행정구역의 위치 특성을 이해하는가?	활동 장면 관찰 평가
3		우리나라의 기후 환경 및 지형 환경에서 나타나는 특성을 탐구한다.	정한 행정구역에 대해 조사하고 탐구한 것을 체계적으로 정리하는가?	활동 장면 관찰 평가 및 활동 결과 평가
4	미술	이미지가 나타내는 의미를 찾을 수 있다.	다양한 자료를 수집하고 수집한 자료에서 필요한 내용을 찾는가?	활동 장면 관찰 평가
5	국어	자료를 정리하여 말할 내용을 체계적으로 구성한다.	필요한 내용을 정리하여 여행 자료를 만들 수 있는가?	활동 결과 평가

:STEP2 프로젝트 실천하기

만나기(2차시)

하룻밤 두 날 프로젝트 만나기(2차시)

활동 주제	차시	활동 및 내용	관련 교과 및 시수
프로젝트 만나기	1-2/21	O '하룻밤 두 날' 프로젝트 안내하기 · 우리나라 지도 보고 자신이 가 본 지역을 우리나라 지도에 　표시해 보고 기억에 남는 여행에 대해 이야기 나누기 · 성취기준 확인 및 탐구 질문 확인하기 · 프로젝트에 대한 기대감 나누기	사회 2 (1단원)

'여행 좋아하니?'라는 질문으로 수업을 시작했다. 의외로 여행이라는 말에 대한 아이들의 반응은 기대와 달리 심드렁했다. 뭔가 잘 풀리지 않을 것 같은 마음은 일단 접어 두고 성취기준과 관련 탐구 질문을 확인했다. 그리고 지난번 프로젝트와 달리 해 보고 싶은 활동에 대해 아이들에게 묻지 않고 바로 필자가 계획한 활동과 순서들을 일방적으로 제시했다. 이유는 이번 프로젝트는 '백년의 약속' 프로젝트와는 달리 아이들의 자료 검색과 조사 그리고 조사한 자료 정리와 발표로 많은 시간이 소요될 것이어서 아이들이 희망하는 다른 부수적인 활동을 할 여유가 허락되지 않을 것 같아서였다.

한국 한 바퀴 (9차시)

우리나라 살펴보기(3차시)

활동 주제	탐구 질문	차시	활동 및 내용	관련 교과 및 시수
한국 한 바퀴	여행 가고 싶은 지역을 정할 때 무엇을 고려할까?	3–5/21	O 우리나라의 위치와 영역 알기 O게임을 통해 우리나라 살펴보기 · '달려라 코딩버스 한국편' 게임하기 – 게임에 대해 알아보기 – 게임하는 방법 이해하기 (유튜브 게임 활용 영상과 교사의 설명 병행) – 모둠원과 게임하면서 우리나라 지역에 대해 살펴보기 · 게임을 통해 알게 된 점 공유하기	사회 3 (1단원)

먼저 우리 국토의 위치와 영역에 대해 교과서와 영상 자료를 활용한 교사 중심의 강의식 학습을 진행했다.(★ 평가 1) 이어서 우리나라 여기저기를 '달려라 코딩버스'라는 게임을 통해 알아보았다. 달려라 코딩버스 게임은 보드게임의 일종으로 각 지역을 이동하며 그 지역의 특징에 대해 알아보는 게임이다. 코딩을 기본 원리로 보드게임을 접목시킨 것인데 아이들이 활동에 매우 몰입했다.

달려라 코딩버스 게임하기 [그림 01] [그림 02]

게임을 통해 알게 된 점 공유하기에서 나온 의견을 정리하면, 우리나라 전체 행정구역에 대해 자연스럽게 알게 되었고 각 행정구역에 속해 있는 낯선 지명들을 거부감 없이 그 위치와 이름을 받아들이고 외우게 되었다는 것이다.(★ 평가 2) 또한 각 지역을 대표하는 문화재나 여행지가 소개되어 있어서 차후에 하게 될 관심 지역을 정하고 여행 계획을 세우는 데 굉장히 좋은 자료가 되어 주었다는 것이다.

우리나라 지역 조사하기(5차시)

활동 주제	탐구 질문	차시	활동 및 내용	관련 교과 및 시수
한국 한 바퀴	여행 가고 싶은 지역을 정할 때 무엇을 고려할까?	6-10/21	○우리나라의 자연환경 알아보기 ○모둠에서 정한 우리나라의 관심 지역 조사하기 · 정한 행정구역의 특징(지형, 기후, 기온 등) 조사하기 · 조사한 내용 정리하기 · 조사한 내용 발표하기 　– 지역 홍보대사라는 콘셉트로 조사 내용 발표하기 · Q&A 시간 가지기 · 들은 내용과 알게 된 내용을 공책에 정리하기	사회 5 (1단원)

모둠의 관심 지역 조사 및 정리하고 발표하기 [그림 03]

사회 교과서를 중심으로 동영상 자료를 활용해 표와 그래프를 해석하는 활동 중심으로 강의식 수업을 통해 우리나라의 전체 지형과 기후, 기온, 강수량에 대해 설명했다. 그런 후 8도와 제주특별자치도를 합해 아홉 개의 도(都)를 하나씩 나누어 맡아서 각 지역의 기후, 기온, 강수량, 그 지역에서 일어난 자연재해 실태를 조사하고 정리하기로 하였다.(★ 평가 3, 4) 발표 내용을 들으며 공책 필기를 하도록 했고, Q&A 시간에 질문하고 답하는 시간도 가졌다.

내가 여행하고 싶은 지역 정하기(1차시)

활동 주제	탐구 질문	차시	활동 및 내용	관련 교과 및 시수
한국 한 바퀴	여행 가고 싶은 지역을 정할 때 무엇을 고려할까?	11/21	○자신이 가고 싶은 지역 정하기 · 여행의 목적 생각하기 · 여행지 정하기 · 자연환경과 인문환경 간단히 조사해 보기	사회 1 (1단원)

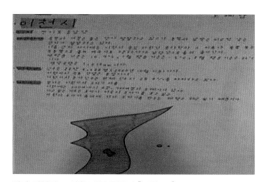

내가 여행하고 싶은 지역 정하기 [그림 04]

여행 가고 싶은 지역을 정할 때 무엇을 고려할 것인가라는 탐구 질문을 고민하는 마지막 시간이다. 바로 여행 계획을 짜지 않고 이런 시간을 가진 이유는 프로젝트의 큰 주제가 '여행하는 삶'이기 때문에 아이들이 삶과 여행에 대해 생각해 보기를 원했기 때문이다. 삶과 여행을 연계하기 위해 계획을 짜기 전 내가 어떤 여행을 할 것인지 그 여행을 하는 목적이 무엇인지를 생각해 볼 것을 아이들에게 당부했다.

사진에 있는 이천시를 여행지로 결정한 학생은 '도자기'에 특별한 관심을 가지고 있다. 이천 도자기 마을에 꼭 한 번 가 보고 싶어서 이번 여행지를 이천으로 정했다고 한다. 이렇게 아이들은 제각각 다른 목적과 이유를 바탕으로 자신의 삶을 여행할 준비를 했다.(★ 평가 ④)

나와 함께하는 여행(9차시)

나와 함께하는 여행(9차시)

활동 주제	탐구 질문	차시	활동 및 내용	관련 교과 및 시수
나와 함께하는 여행	자료를 바탕으로 여행 계획에 들어갈 내용을 어떻게 체계적으로 정리할까?	12-14/21	○자료 수집하기 · 다양한 자료 살펴보기 (여행 책자, 사회과부도, 행정구역 홈페이지 등) · 관광안내도, 안내 책자 등을 다운로드 받기 ○수집한 자료 탐색하기 · 수집한 자료에서 필요한 자료 찾기 · 더 필요한 자료 추가 수집하기	미술 6 (5단원) 사회 1 (1단원) 국어 2 (7단원)
		15-17/21	○자료 정리하기 · 필요한 자료 항목별로 분류해 정리하기 ○여행 계획 세우기 · 자료 살펴보기 · 관광안내도와 인터넷 자료를 바탕으로 계획 세우기	

		18-20/21	○여행할 곳 자료 만들기
			· 세운 여행 계획을 바탕으로 여행안내 자료 만들기
			  – 안내 자료에 반드시 들어갈 내용 확인하기
			    : 목적, 예산, 이동 방식 등
			· 여행안내 자료 소개 및 전시하기	

여행 계획 상호 피드백 [그림 05] 여행 계획 공유하기 [그림 06] 여행안내 자료 만들기 [그림 07]

두 번째 탐구 질문을 바탕으로 여행 계획에 들어갈 내용을 어떻게 수집하고 체계적으로 정리할 것인가에 대해 함께 나누고 자료 수집에 들어갔다. 그러나 막상 정보 검색에 들어가자 아이들은 정보의 바다에서 익사하기 직전의 몰골이었다. 우여곡절 끝에 자료 수집과 정리 및 여행 계획을 세우고 친구에게 피드백을 받아 수정하는 데까지 이날 온종일 걸렸다. 그리고 이튿날 3차시에 걸쳐 여행안내 자료 만들기를 하고 돌려 읽기, 안내 자료 소개 및 전시 활동을 진행했다.(★ 평가 5)

여행하는 삶(1차시)

프로젝트 마무리하기(1차시)

활동 주제	차시	활동 및 내용	관련 교과 및 시수
프로젝트 마무리하기	21/21	O여행하는 삶에 대한 생각 나누기 · 인간은 왜 여행을 하는가? · 프로젝트 소감 나누기 · 프로젝트에 대한 성찰 일지 쓰기	사회 1 (2단원)

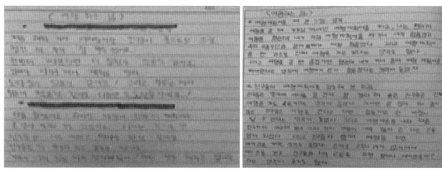

프로젝트를 마무리하며 성찰 일지 쓰기 [그림 08] [그림 09]

프로젝트 소감 나누기는 시간문제로 모두가 돌아가면서 발표를 하지는 않았고 거수지명 방식으로 자유롭게 발표하는 방식으로 진행했다. 자료 검색이나 그것을 정리하는 것이 힘들었고, 어려운 내용의 글이 잘 이해가 안 되어서 제대로 읽지 못한 자료도 있었던 점이 아쉽다고 했다. 그리고 우리나라에 대해 더 잘 알게 되었고, 우리나라의 자연환경을 배울 때 자연재해 부분을 공부하면서 앞으로 닥칠 자연재해가 무서웠다는 학생도 있었다.

아이들의 성찰 일지에서 많이 보이는 문구는 '여행 계획을 짜는 일이 이렇게 힘든 줄 몰랐다.', '앞으론 엄마가 여행 계획 짤 때 많이 도와드려야겠다.', '편하게 여행을 데려가 주신 부모님께 감사하다.', '우리나라의 여행지에 대해 많이 알게 되었다.' 등이었다. 물론 압도적으로 많은 내용은 어서 코로나19가 끝나서 마음껏 여행을 가고 싶고, 이번에 짠 여행 계획대로 정말 여행을 가고 싶다는 것이었다. 그리고 친구들의 피드백을 받아서 계획을 좀 더 좋게 수정할 수 있어서 좋았고, 친구가 만든 여행안내 자료를 가지고 여행 가 보고 싶다고 쓴 아이도 있었다.

성찰 일지를 읽어 보니 아이들에게 즐거움보다는 힘듦이 더 많았던 프로젝트였던 것 같다. 하지만 그 속에서 성장이 느껴지고 삶이 느껴졌다. 자유롭게 여행이 가능한 날이 하루 빨리 오기를 필자 역시 간절히 바라본다.

"애들아~ 여행 가는 거 좋아해? 어때?"

프로젝트 첫 시간. 넘치는 호기로움으로 이렇게 물었으나 돌아온 것은 심드렁한 아이들의 대답이었다.

프로젝트를 진행하는 내내 프로젝트에서 중요하다면 정말 중요한 첫 시간의 단추를 잘못 끼우고 있는 것은 아닌가 하는 걱정이 계속 필자를 앞서 걸어갔다. 그러나 우리나라에 대해 잘 공부한 후에 자기만의 1박 2일짜리 여행 계획을 짜 보는 활동을 한다는 말에 심드렁했던 아이들의 눈빛은 다시 빛났다. 여행 계획을 짜는 시간이 어서 오기를 기다리면서 아이들은 지겨운 필자의 강의식 수업도 잘 견뎌냈다. 우리나라의 기온이나 강수량 등을 배울 때는 '야, 그러니까 여름에는 강원도로 여행 가야 된다니까'라는 기특한 잡담도 주고받는다. 필자가 경험한 프로젝트 수업의 매력은 바로 여기에 있다. 어떤 학습 활동이든 모든 것이 하나의 주제와 맥락을 타고 흐른다. 무엇을 하든 아이들은 그것과 연관을 시키고 그렇게 연관된 활동과 학습은 머릿속에 개별적으로, 단편적으로, 분과적으로 흩어져 있지 않고 하나로 통합되어 삶과 관련된 영속적인 배움을 일으킨다. 결론적으로 그렇게 기대한 여행 계획 짜기는 '힘들었다'고 일지에 적은 아이들이 더 많았다. 그러나 그 힘듦이 무의미하지 않았음을 아이들 스스로도 안다.

수업자로서 이 프로젝트를 돌아보니 두 가지 정도가 떠오른다. 제일 먼저 떠오르는 것은 모둠에서 조사 지역을 정할 때 인기 있는 지역으로 아이들이 몰리는 것을 방지하기 위해 수업자는 '뽑기' 방식으로 지역을 분배했다. 방법을 바꾸어 아이들에게 조사하고 싶은 지역을 조사하게 하고 선택받지 못한 나머지 지역에 대해서는 수업자가 준비하는 것도 괜찮지 않았을까 하는 생각이 든다. 학생들에게 선택권을 부여한다고 하면서도 어쩔 수 없다는 변명 혹은 미명 아래 항상 제한된 선택만 하게 한 것이 다소 후회스럽다.

또 한 가지 떠오르는 것은 앞서 언급한 바 있는데 여행 계획을 짤 때 한 명 한 명에 대한 힘에 부치는 피드백을 하다 보니 늘 그렇지만 시간이 모자랐다는 점이다. 어떤 학생의 경우 여행 계획을 학생이 짜는 건지 내가 짜는 건지 분간이 안 될 지경이었다. 몇몇 학생이 다소 긴 시간 나를 독점하게 되면 그만큼 다른 많은 학생들의 학습 상황을 파악하기가 힘들다. 그렇다고 피드백을 대충할 수도 없다. 이것이 평소 수업자를 가장 갈등하게 하고 번뇌하게 하는 부분이다.

만약 다음에 다시 이 프로젝트를 하게 된다면, 딱 하나 수정하고 싶은 것이 있다. 바로 여행 기간이다. 1박 2일 여행 계획을 짜 보는 이 프로젝트는 설계 단계에서 초등학교 5학년이라는 학생의 수준을 깊이 있게 고려하지 못했던 것이 아닌가 하는 생각이 실천해 보고 나서야 뒤늦게 들었다. 따라서 하룻밤 두 날, 즉 1박 2일이 아니라 당일 여행으로 바꾸는 것이 나을 듯하다. 아이들에게 1박 2일의 여행 계획은 너무나 버거웠다. 교사가 피드백해야 할 내용도 너무 길고 많았기 때문이다. 당일 여행 계획을 짰다면 숙박과 같은 문제로 많은 시간을 고민하지 않아도 되었을 것이며 활동 시간도 많이 줄일 수 있었을 것이다.

하룻밤 두 날 프로젝트는 변남주 선생님이 기획한 프로젝트를 2021년 성영미 선생님이 실천하고 기록한 프로젝트다. (2015 교육과정)

프로젝트 수업
톡! Talk?

'프로젝트 수업'이라는 이름은 중요하지 않다

프로젝트 수업이란 무엇일까?

미국 벅 교육협회의 《프로젝트 수업 어떻게 할 것인가?》를 보면 프로젝트 수업이 아닌 것은 말하기 쉬워도 프로젝트 수업이 무엇인지를 말하는 것은 어렵다고 한다. 그러면서 GSPBL(Gold Standard Project Based Learning)의 조건으로 '어려운 문제 또는 질문, 지속적인 탐구, 실제성, 학생의 의사와 선택권, 성찰, 비평과 개선, 공개할 결과물'이라는 일곱 가지를 제시하고 있다.

또한 우리나라 프로젝트 수업 관련 책에서는 이성대 등이 지은 《프로젝트 수업, 교육과정을 만나다》에서 제시한 '학습자가 스스로 문제를 찾아내고 해결 방안을 기획하며 협력적인 조사 탐구를 통해 과제를 해결하고 결과를 공유하는 일련의 과정에서 배움이 일어나는 수업 형태'라는 정의를 많이 인용하고 있다.

만약 프로젝트 수업이 GSPBL의 일곱 가지 조건을 갖추거나 학습자 스스로 문제를 찾아내야 하는 것이라면 우리는 프로젝트 수업을 시작도 하기 전에 벽을 마주하는 느낌이 들 것이다. 즉, 일곱 가지 조건을 어느 정도는 갖추거나 학습자 스스로 문제를 찾아내어 해결하는 프로젝트 수업다운 프로젝트 수업을 내가 할 수 있을까 하는 불안감은 물론이고 실천한 프로젝트 수업을 다른 사람은 어떻게 평가할까 하는 생각에 수업을 공유하는 것에도 부담감을 가질 것이다.

프로젝트 수업은 수업 방법이 아니라 '수업을 바라보는 관점'이고 '철학'이라고 한다. 하지만 우리 주변에는 프로젝트 수업을 수업 방법으로 받아들이는 사람들이 많은 것 같다. '프로젝트 수업이란 이러한 것이다'라는 정형화되고 고착화된 정의와 수업 절차를 가지고 다른 사람들의 수업 사례를 평가하면서 '이 수업은 프로젝트 수업이 아니야'라는 비난을 하는 사람들이 많기 때문이다.

그렇다면 프로젝트 수업이 수업을 바라보는 관점이고 철학이라는 것은 무엇을 말하는 것일까? 그것은 프로젝트 수업은 수업을 객관주의의 관점이 아니라 구성주의의 관점에서 바라본다는 의미일 것이다. 즉, 객관적인 지식을 체계적으로 가르치는 교과서 중심의 교사 중심 수업에서 벗어나 교사, 또래와의 교류를 통해 지식을 만들어 갈 수 있도록 교육과정을 재구성한 학생 중심의 수업이라면 프로젝트 수업이라고 할 수 있다는 것이다.

실제로 학교 현장에서 프로젝트 수업은 정형화되거나 획일화된 모습이 아니라 주제 중심 통합 수업, 토의토론 수업, 배움의 공동체 수업, 문제중심학습 등 다양한 모습으로 나타난다. 프로젝트 수업이 수업을 바라보는 관점이고 철학이라면 정형화되고 고착화된 모습보다는 변화와 포용을 바탕으로 다양성을 인정하는 자세를 가져야 하지 않을까?

지금 우리에게 필요한 것은 진짜 프로젝트 수업인지 아닌지의 여부를 판단하는 것이 아니라 교과서를 벗어나 성취기준을 중심으로 다양하게 재구성한 수업으로 학생들이 즐겁게 활동하면서도 의미 있는 학습이 이루어질 수 있도록 하는 것이다.

그럼에도 불구하고 여전히 프로젝트 수업을 수업 방법으로만 생각하면서 정형화되고 획일화된 모습에서 벗어나지 못하고, 프로젝트 수업인지 아닌지를 더 중요하게 생각한다면 이젠 과감히 '프로젝트 수업'이라는 이름을 버리는 것이 나을지도 모르겠다는 생각이 든다. 프로젝트 수업이라는 이름의 부담감에서 벗어나 신지승 수업, 참 좋은 연구회 수업처럼 '나'의 수업을 그리고 '우리'의 수업을 자유롭게 기획하고 실천하는 교실을 꿈꾸는 것은 너무 성급한 것일까?

행복한 수업을 만드는
학생중심수업, 교육과정 문해력,
그리고 교수평 일체화

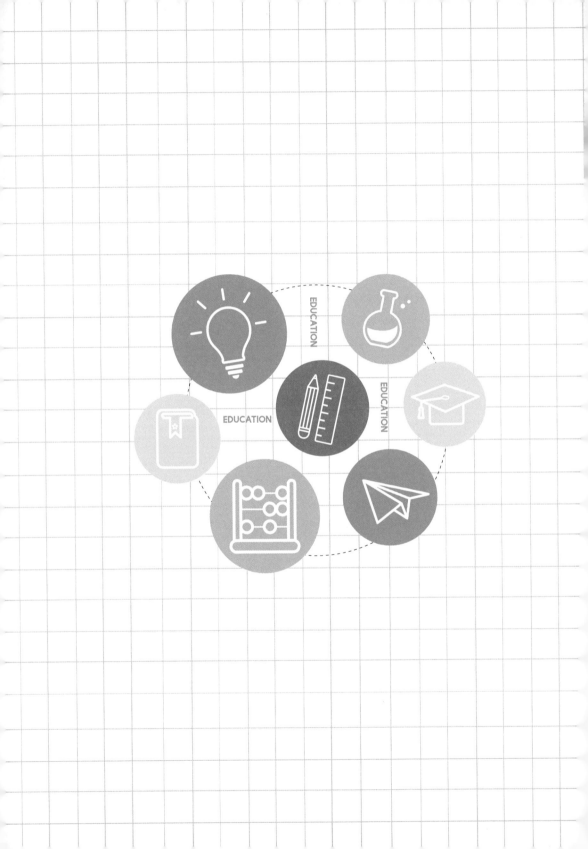

3부

—

프로젝트 수업 레시피
: 수업에 일상을 더하다

00

'어떻게 프로젝트 수업을 계획할까'를 고민한다면?

3부는 2013년부터 필자와 교사학습공동체를 함께하고 있는 〈참 좋은 연구회〉에서 '참 좋은 열두 살'이라는 콘셉트로 구상한 5학년 1학기 프로젝트 수업 계획들이다. 필자의 전작인 《교육과정 문해력, 교사 전문성을 완성하다》의 '4부. 교사와 교사가 함께 만드는 프로젝트 수업 전략을 공개하다'에서 소개한 단계에 따라 계획한 프로젝트 수업들이다.

원래는 2020년 1학기에 수업을 하려고 준비했지만 코로나19로 인해 실천할 수가 없었다. 2021년에도 이전과 같이 자유롭게 수업을 할 수 있는 환경은 아니었지만 세 개의 프로젝트를 실천할 수 있었다. 실천한 프로젝트 결과는 이 책의 '2부. 참 좋은 열두 살, 프로젝트 수업으로 성장하다'에 수록했고, 실천하지 못한 프로젝트 계획들 중 다섯 개를 3부에 담았다.

짧은 프로젝트 수업 계획만으로 수업의 세세한 모습을 알 수는 없겠지만 프로젝트의 주제와 전체적인 흐름을 참고하여 자신만의 프로젝트 수업을 계획하는 데 도움이 되었으면 한다.

참 좋은 열두 살 프로젝트 계획(1학기)				
순	프로젝트명	주제(삶)	관련 교과	기획자	비고
1	5학년은 처음이라	만남이 있는 삶	국어 도덕 미술	김경민	3부 수록
2	신(新)농사직설 2020	자연과 어우러지는 삶	국어 도덕 과학 실과 미술	신지승	
3	진천의 별밤 이야기	함께하는 삶	과학 실과 체육 음악	신지승	
4	스쿨 오브 뮤지컬	즐거운 삶	국어 음악	변남주	
5	꿈꾸는 운동장	슬기로운 삶	국어 체육 미술	성영미	
6	소나기 문학상	생각하는 삶	국어	성영미	2부 수록
7	백년의 약속	깨어 있는 삶	사회	김미하	
8	하룻밤 두 날	여행하는 삶	국어 사회 미술	변남주	
9	지금 여기, 천국	배려하는 삶	국어 사회 도덕	박은혜	미완성

5학년은 처음이라: 친구, 교실 그리고 프로젝트와의 만남

5학년은 처음이라 프로젝트는?

이 프로젝트는 교과 간 프로젝트로서 '참 좋은 열두 살의 아홉 가지 삶' 중 '만남이 있는 삶'으로, 5학년 1학기 국어, 도덕, 미술 교과를 재구성해 디자인했다.

초등학생으로서 다섯 번째 해를 맞이하는 5학년은 학교생활에 제법 익숙해졌기에 학교에서 어떻게 행동해야 할지 잘 안다 생각할 수 있지만 사실 아이들은 매해 그렇듯 5학년은 처음이라 새로 만나는 친구도, 낯선 교실에서의 생활도, 더군다나 처음 해 보는 프로젝트를 어떻게 대해야 할지 어리둥절하기만 하다. 본 프로젝트를 통해 학교라는 익숙한 공간에서 마주하는 낯선 만남을 참 좋은 5학년의 삶을 만들어 나가기 위한 한해살이의 초석으로 삼고자 한다.

이처럼 '5학년은 처음이라'는 5학년이 되어 한 해 동안 새로운 친구와 교실과 프로젝트와 함께하는 방법에 대하여 머리를 맞대어 고민해 보고 생각해 보는 활동을 통해 '만남이 있는 삶'을 경험하기 위한 프로젝트다.

프로젝트 수업 한눈에 보기

삶	활동 주제	탐구 질문	활동 및 내용	성취기준	시수
만남이 있는 삶	프로젝트 만나기		· 프로젝트 소개 및 활동 정하기	[6실03-03]	2
	친구와의 만남	친구들과 잘 지내기 위해 어떻게 해야 할까?	· 학급 규칙 만들기 · 의미 있는 역할 만들기	[6도02-02]	4
			· 의사소통 방법 익히기 · 갈등 해결 방법 생각해 보기	[6도02-02] [6국03-06]	4
			· 발표 연습—목소리 크기, 자세 등	[6국01-01]	4
	교실과의 만남	우리 교실 환경을 어떻게 조성할까?	· 책걸상 및 가구 배치 구상하기 · 교실 환경 꾸미기	[6미01-02]	4
	프로젝트와의 만남	프로젝트를 잘해 내려면 뭘 준비해야 할까?	· 모둠/학급 단위 토의 활동 익히기	[6국01-02]	4
			· 모둠 친구들과 친해지기 · 모둠 역할 정하기 · 구글 클래스룸 사용법 익히기 · 구글 드라이브 활용법 익히기 · UCC를 활용한 모둠 소개 PPT 만들어 발표하기 · QR 코드 활용법 익히기	[6국01-01] [6국01-02] [6미01-04] [6도02-02]	9

프로젝트 관련 성취기준 및 교과서 단원

교과	성취기준	단원(제재)	시수	
국어	[6국01-01] 구어 의사소통의 특성을 바탕으로 하여 듣기·말하기 활동을 한다. [6국01-02] 의견을 제시하고 함께 조정하며 토의한다. [6국03-06] 독자를 존중하고 배려하며 글을 쓰는 태도를 지닌다.	1. 대화와 공감 6. 토의하여 해결해요	17	31

교과	성취기준	단원(제재)	시수	
도덕	[6도02-02] 다양한 갈등을 평화적으로 해결하는 것의 중요성과 방법을 알고 평화적으로 갈등을 해결하는 의지를 기른다.	5. 갈등을 해결하는 지혜 0. 우리가 만드는 도덕 수업	8	31
미술	[6미01-02] 대상이나 현상에서 시각적 특징을 발견할 수 있다. [6미01-04] 이미지를 활용하여 자신의 느낌과 생각을 전달할 수 있다.		6	

프로젝트 수업 계획

활동 순서	시수	활동 및 내용	자료(ㅁ) 유의점 (※) 평가(★)
열며	2	O '5학년은 처음이라' 프로젝트 안내하기 · 5학년 한해살이를 위해 우리에게 필요한 것 브레인스토밍 · 내용 범주화하여 프로젝트 활동 정하기	ㅁ 포스트잇
첫 번째	2	O 자기소개 명함 만들기 · 구글 클래스룸 이용법 익히기 · 자신의 사진과 PPT 탬플릿을 내려받아 자기소개 명함 만들기 · 구글 클래스룸에 자기소개 명함 업로드하기 · 친구들이 올린 명함 보며 댓글 달기	ㅁ 태블릿 ※수업 전 학생들의 개인 정면 사진을 찍어 구글 클래스룸에 업로드해 둔다.
두 번째	2	O 학급 규칙 만들기 · 이전 학년에서 느꼈던 문제점 나누기 · 바라는 모습 떠올리고 분류하기 · 가이드라인 작성 · 수정하기 · 선서식 하기(지장나무 만들기)	ㅁ 그림책(《엄마를 화나게 하는 10가지 방법》), 포스트잇, 인주

활동 순서	시수	활동 및 내용	자료(□) 유의점 (※) 평가(★)
두 번째	2	○1인 1역할 정하기 · 학교 안/밖 우리에게 도움을 주는 직업 떠올리기 · 우리 반에 필요한 역할 생각하기, 이름 짓기 · 역할 안내문 작성하기(모둠별 3~4개씩) · 역할 지원서 작성하기 · 역할 정하기	□역할 안내문/지원 서 활동지 ★평가 3
세 번째	4	○등교하고 싶은 교실 만들기 · 가구 배치하기 　－ 책걸상 배치 방법 정하기(짝, 모둠 활동 고려하기) 　－ 교실 내 가구(책장, 옷장, 사물함 등) 배치하기 · 교실 환경 꾸미기 　－ 교실에 필요한 것 생각하기(달력, 놀이 공간 등) 　－ 필요한 물건 만들거나 준비해 배치하기	★평가 5, 6
네 번째	1	○도덕성의 가치 · 도덕성이 경쟁력이다 　－ 도덕성과 관련된 자신의 행동 생각해 보기 　－ 도덕성 관련 영상 시청　－ 자신의 생각 이야기 나누기 · 콜버그의 도덕성 발달 6단계 　－ 질문에 대한 자신의 대답 생각하기 　　(예시 질문. 나는 왜 복도에서 뛰지 않나요?) 　－ 콜버그의 도덕성 발달 6단계 알아보기	□EBS 아이의 사생 활–도덕성 편, 콜버 그의 도덕성 발달 6 단계 PPT
	2	○의사소통 방법과 갈등 해결 · 갈등 경험 떠올리기　　· 갈등 해결 유형 알아보기 · 갈등 해결 방법 생각하기　· 선서하기 [갈등 해결 유형별로 모여 구글 클래스룸에 교사가 탑재한 PPT 템플릿을 작성]	□영상 자료(개와 고 양이의 대화), 갈등 유형 카드, 갈등 해 결 PPT 템플릿 ★평가 4
	1	○'사막에서의 조난' 활동하기 · 상황 제시문 읽고 개인 우선순위 정하기 · 모둠 친구들의 합의하여 우선순위 정하기 · 우리 모둠의 의사소통 정도 확인하기 · 더 나은 모둠 활동을 위한 고민하기	□사막에서의 조난 활동지 ★평가 2

활동 순서	시수	활동 및 내용	자료(□) 유의점 (※) 평가(★)
다섯 번째	2	○모둠 친구들과 친해지기 · 모둠 협력 놀이 　– 꼬인 손 풀기　　　　– 풍선 띄우기 　– 상자 속 물건 기억하기　– 신문지 위 균형 잡기 · 문제 해결 　– A4 용지를 이용한 책 쌓기 놀이	□풍선, 신문지, 다양한 물건이 담긴 상자, A4 용지, 교과서
	5	○UCC를 활용한 모둠 소개 PPT 만들기 · 모둠 세우기 　– 모둠원들이 바라는 모둠의 모습을 바탕으로 모둠명 정하기 　– 모둠 3대 규칙 정하기　　　– 모둠 역할 나누기 · 모둠 소개 UCC 만들기 　– UCC로 만들 장면 계획하기　– UCC 촬영하기 　– UCC 편집하기　– UCC 삽입하여 모둠 소개 PPT 완성하기	□ 태블릿, 모둠 소개 PPT 템플릿 ★평가 1
	2	○모둠 그림책 완성하기 · 구글 드라이브 이용법 익히기 　– 모둠 친구들과 구글 드라이브 공유하기 　– 구글 클래스룸에서 그림책의 그림 내려받아 순서 의논하기 · 모둠 그림책 만들기 　– PPT에 순서대로 그림 삽입하기 　– 그림에 어울리는 이야기 적기 　– 구글 클래스룸에 완성된 그림책 PPT 올리기	□태블릿 ※교사가 미리 구글 클래스룸에 그림책의 그림만 모둠별 자료실에 탑재해 둔다.
여섯 번째	2	○QR 코드 미션 해결하기 · 교실 속 QR 코드 미션 해결하기 　– QR 코드 사용법 익히기 　– 교실에 붙어 있는 QR 코드에 주어진 미션 해결하기 · QR 코드 미션 만들기 　– QR 코드 만드는 법 익히기 　– QR 코드로 미션 제시하기 　– 자신이 만든 QR 코드 구글 클래스룸에 올리기 　– 친구들이 만든 QR 코드 미션 해결하기	□태블릿, 미션 활동지 ※학생들이 만들어서 구글 클래스룸에 QR코드를 올리면 교사가 출력해 해당 학생의 책상에 붙일 수 있도록 한다.

활동 순서	시수	활동 및 내용	자료(□) 유의점(※) 평가(★)
일곱 번째	4	○발표 연습하기 · 개인 발표 연습 　– 오늘의 점심 메뉴 소개　　– 빈칸 채워 말하기 　– 오늘의 기분 말하기 · 짝과 함께 발표 연습 　– 사진 속 상황에 대하여 짝과 이야기 만들기 　– 짝과 내용을 나누어 발표하기 · 모둠 발표하기 　– 일심동체 놀이 　– 모둠 소개 PPT 발표하기(다섯 번째 활동 연계) ○발표 칭찬하기 · 긍정 단어 말해 주기 · 잘한 점 찾아서 구체적으로 말해 주기	□태블릿, 그림책 삽화 그림 파일, 일심동체 놀이 제시어 ※별도의 차시로 활동이 이루어지는 것이 아니라 수업을 시작할 때, 혹은 수업 중 이루어지도록 한다. ※소리 측정 어플 등을 TV 화면에 띄워 시각적으로 자신의 목소리 크기를 확인할 수 있도록 하는 방법도 있다.

평가

순	교과	성취기준	평가 문항	평가 방법
1	국어	[6국01–01] 구어 의사소통의 특성을 바탕으로 하여 듣기·말하기 활동을 한다.	모둠 활동에서 상대방의 이야기를 경청하고 알맞은 반응을 하는가?	관찰 평가 동료 평가
2		[6국01–02] 의견을 제시하고 함께 조정하며 토의한다.	모둠 활동에서 알맞은 이유를 들어 자신의 의견을 제시하며 토의를 통해 의견을 조정하는가?	관찰 평가 동료 평가
3		[6국03–06] 독자를 존중하고 배려하며 글을 쓰는 태도를 지닌다.	독자를 존중하고 배려하는 태도로 역할 안내문과 역할 지원서를 작성하는가?	역할 안내문 및 역할 지원서 결과 평가

순	교과	성취기준	평가 문항	평가 방법
4	도덕	[6도02-02] 다양한 갈등을 평화적으로 해결하는 것의 중요성과 방법을 알고 평화적으로 갈등을 해결하는 의지를 기른다.	갈등을 해결하는 유형을 이해하고 갈등 해결 방법에 대하여 생각하여 실천하는가?	관찰 평가 자기 평가
5	미술	[6미01-02] 대상이나 현상에서 시각적 특징을 발견할 수 있다.	교실 내 가구 배치 시 시각적 특징을 고려하는가?	관찰 평가
6		[6미01-04] 이미지를 활용해 자신의 느낌과 생각을 전달할 수 있다.	자신의 바라는 교실 환경을 꾸미는 데 다양한 이미지를 활용할 수 있는가?	교실 환경 결과물 평가

02
신(新) 농사직설 시즌2: 자연과 어우러지는 삶

신(新)농사직설 시즌2 프로젝트는?

이 프로젝트는 교과 간 프로젝트로서 '참 좋은 열두 살의 아홉 가지 삶' 중 '자연과 어우러지는 삶'으로, 5학년 1학기 국어, 도덕, 과학, 실과, 미술 교과를 재구성해 디자인했다.

불과 30~40년 전만 하더라도 아이들은 또래들과 함께 자연 속에서 뛰놀면서 자랐다. 산과 들, 개울과 바닷가에서 햇빛과 바람과 물과 흙과 밤하늘의 별과 함께 어우러져 자랐다. 하지만 지금의 자연은 가족여행이나 현장학습을 통해 하루 정도 체험하고 마는 일회용이 되어 가고 있다. 시멘트로 둘러싸인 도시에서 살아가는 우리 아이들에게 무엇이 필요할까?

우리 아이들이 오감을 통해 정서적으로 자연과 교감하고, 자연과 생명을 사랑하며 소중히 여기는 경험을 통해 생태 감수성을 갖는 것이 필요하다고 생각했다. 자연을 가까이 하는 삶은 그것 자체로 하나의 행복이기 때문이다. 이에 따라 학생들이 모둠 텃밭을 꾸미고 재배 계획을 세워 식물을 길러 보는 재배 및 탐구 활동을 하며 이를 통해 식물의 성장 과정을 이해하고 자연과 교감하면서 생태 감수성을 기르고 자연과 어우러지는 삶을 경험할 수 있도록 하고 싶다.

'신(新)농사직설 시즌2'는 식물의 길러 보는 활동과 식물 탐구를 통해 '생태 감수성'을 기르고 '자연과 어우러지는 삶'을 경험하기 위한 프로젝트다.

프로젝트 수업 한눈에 보기

삶	활동 주제	탐구 질문	활동 및 내용	성취기준	시수
자연과 어우러지는 삶	프로젝트 만나기		· 프로젝트 소개 및 활동 정하기	[6실03-03]	1
	1장 무엇을 키우는고?	학교 텃밭에 무엇을 심을까?	· 모둠별로 키울 식물 선택하기	[6국01-04]	2
			· 용돈으로 식물 구입할 비용 모으기 (가정통신문)	[6실03-03]	3
	2장 어떻게 키우는고?	어떻게 하면 식물을 잘 재배할 수 있을까?	· 재배 계획 세우기	통합 탐구 활동 익히기	2
			· 모둠 텃밭 정리하기 (풋말 세우기, 비료 주기 등) · 재배 계획에 따라 식물 심기	[6실04-01]	2
			· 재배 계획에 따라 긍정적인 마음으로 식물 키우기 · 식물의 성장 모습 촬영하기 · 재배 일지 작성법 알아보기, 재배 일지 작성하기 · 재배 탐구 보고서 작성하기	[6실04-02] [6도04-01] [6미02-03] 통합 탐구 활동 익히기	16

삶	활동 주제	탐구 질문	활동 및 내용	성취기준	시수
	3장 우리가 만드는 농사직설	어떻게 재배 과정과 결과를 체계적으로 정리할 것인가?	· 재배 과정을 담은 농사직설 제작하기	[6국01-04]	4
	자연과 어우러지는 삶		· 자연과 어우러지는 삶 생각하기 · 프로젝트 되돌아보기, 성찰 일지 쓰기	[6국01-04]	2

프로젝트 관련 성취기준 및 교과서 단원

교과	성취기준	단원(제재)	시수	
국어	[6국01-04] 자료를 정리하여 말할 내용을 체계적으로 구성한다.	7. 기행문을 써요 9. 여러 가지 독서 방법	8	
도덕	[6도04-01] 긍정적 태도의 의미와 중요성을 알고, 어려움을 극복하기 위한 긍정적 삶의 태도를 습관화한다.	3. 긍정적인 생활	4	
과학	통합 탐구 활동 익히기	통합 탐구	6	
실과	[6실03-03] 용돈 관리의 필요성을 알고 자신의 필요와 욕구를 고려한 합리적인 소비생활 방법을 탐색하여 실생활에 적용한다. [6실04-01] 가꾸기와 기르기의 의미를 이해하고 동식물 자원의 중요성을 설명한다. [6실04-02] 생활 속 식물을 활용 목적에 따라 분류하고, 가꾸기 활동을 실행한다.	4. 용돈 관리 2. 식물과 동물	10	32
미술	[6미02-03] 다양한 자료를 활용하여 아이디어와 관련된 표현 내용을 구체화할 수 있다.	10. 새로운 표현의 나라로	4	

프로젝트 수업 계획

활동 주제 (시수)	탐구 질문	차시	활동 및 내용	자료(□) 유의점(※) 평가(★)
프로젝트 만나기 (1)		1/32	○'신(新)농사직설' 프로젝트 안내하기 · 프로젝트 소개하기 · 성취기준 확인 및 활동 정하기	□ 참 좋은 열두 살 공책
1장 무엇을 키우는고? (5)	학교 텃밭에 무엇을 심을까?	2–3/32	○모둠별 재배할 식물 정하기 · 모종시장 사이트 보며 키울 식물 선택하기 – 개인이 키우고 싶은 식물 정하기 – 모둠에서 키우고 싶은 식물 토의해서 정하기	□ 모종시장 사이트, 참 좋은 열두 살 공책
		4–6/32	○용돈으로 식물 모종 구입할 비용 모으기 · 모둠별 식물 모종 구입을 위한 용돈 관리 계획 세우기 · 식물 모종 구입을 위한 용돈 관리 관련 가정 통신문 보내기 · 4주간 용돈 관리를 통해 식물 모종 구입 비용 모으기 · 모은 용돈으로 모둠별 모종 구입하기 (모종 구입시 교사가 적절한 도움을 준다.)	※ 4주 동안의 용돈 관 리 계획을 세우게 하여 부담스럽지 않게 비용 을 모으게 한다. □ 참 좋은 열두 살 공 책, 가정통신문 ★평가 3
2장 어떻게 키우는고? (20)	어떻게 하면 식물을 잘 재배할 수 있을까?	7–8/32	○'어떻게 키우는고' 계획하기 · 모둠별 재배 계획 세우기 – 다양한 조건을 달리하여 재배 계획 세우기 · 식물 관리 방법 정하기 – 역할 나누기 (물 주기, 촬영, 잡초 제거, 일지 작성 등) · 식물 재배 일지 작성 방법 알아보기 – 식물의 성장 모습 촬영하기 – 식물의 성장 과정을 정리하는 방법 알기	※통합 탐구 활동을 위 한 모둠별 재배 계획 세 우기는 탐구 주제 보고 서 작성을 위한 것임을 알린다. □ 참 좋은 열두 살 공 책, 재배 일지
		9–10/32	○모둠별 재배 계획에 따라 식물 심기 · 모둠 텃밭 정리하기 – 땅 고르기, 비료 주기 등 · 재배 계획에 따라 조건 달리하여 식물 심기 · 물 주기와 텃밭 정리하기, 텃밭 푯말 세우기	□ 모둠별 재배 식물 모 종, 모종삽, 비료, 삽, 텃 밭 푯말

활동 주제 (시수)	탐구 질문	차시	활동 및 내용	자료(□) 유의점(※) 평가(★)
2장 어떻게 키우는고? (20)	어떻게 하면 식물을 잘 재배할 수 있을까?	11~24/32	○'어떻게 키우는고' 실천하기 · 재배 계획에 따라 식물 키우기 · 재배 일지 작성하기 – 성장 모습 촬영하기 – 성장 과정 정리해 일지 쓰기 · 긍정적인 태도로 식물 재배하기 – 식물 관리 역할에 따라 식물 재배 실천하기	★평가 2, 4, 5, 6 ※1주일에 2시간씩 7주 간 재배하여 지속적인 관찰과 관리가 이루어 질 수 있도록 한다. □카메라, 참 좋은 열두 살 공책, 재배 일지
		25~26/32	○모둠별 재배 보고서 작성하기 · 달리한 조건에 따른 성장 자료 정리하기 · 탐구 주제 보고서 작성하기	※재배 일지를 토대로 탐구 주제 보고서를 작 성하도록 한다. □도화지
3장 우리가 만드는 농사직설 (4)	어떻게 재배 과정과 결과를 체계적 으로 정리할 것인가?	27~30/32	○우리가 만드는 농사직설 제작하기 · 신(新)농사직설 제작 계획서 작성하기 – 체계적으로 자료를 정리하는 방법 알아보기 – 재배 일지와 탐구 주제 보고서를 바탕으로 계획서 만들기 · 신(新)농사직설 목차 작성 및 자료 정리하기 · 신(新)농사직설 제작하기 – 책자, 한글, PPT 등 다양한 방법으로 만들기 · 모둠별 농사직설 발표하기	□참 좋은 열두 살 공 책, 신(新)농사직설 제작 계획 학습지 ※자료 조사시 정보실, 도서관 등을 자유롭게 사용할 수 있도록 한다. ★평가 1
자연과 어우러지는 삶 (2)		31~32/32	○프로젝트 되돌아보기 ○자연과 어우러지는 삶에 대한 생각 나누고 정리하기 · 인간과 자연의 관계에 대해 서로의 생각 나누기 · 자연과 어우러지는 삶에 대한 생각 정리하기 ○ 프로젝트에 관한 성찰 일지 쓰기	□영상 자료, 참 좋은 열두 살 공책

평가

순	교과	성취기준	평가 문항	평가 방법
1	국어	[6국01-04] 자료를 정리하여 말할 내용을 체계적으로 구성한다.	식물 재배 자료를 정리하고 체계적으로 내용을 구성해 신농사직설을 발표하는가?	신농사직설 발표 장면
2	도덕	[6도04-01] 긍정적 태도의 의미와 중요성을 알고, 어려움을 극복하기 위한 긍정적 삶의 태도를 습관화한다.	식물 관리 역할에 따라 긍정적인 태도로 식물 관리를 실천하는가?	식물 재배 관찰 평가
3	실과	[6실03-03] 용돈 관리의 필요성을 알고 자신의 필요와 욕구를 고려한 합리적인 소비생활 방법을 탐색하여 실생활에 적용한다.	용돈 관리 계획을 세워 모종 구입을 위한 비용을 마련하는가?	용돈 관리 계획서 및 활동 결과 평가
4		[6실04-01] 가꾸기와 기르기의 의미를 이해하고 동식물 자원의 중요성을 설명한다.	용돈 관리 계획을 세워 모종 구입을 위한 비용을 마련하는가?	용돈 관리 계획서 및 활동 결과 평가
5		[6실04-02] 생활 속 식물을 활용 목적에 따라 분류하고, 가꾸기 활동을 실행한다.	식물 자원의 중요성을 이해하며 생활 속에서 식물을 재배하는가?	식물 재배 관찰 평가
6	미술	[6미02-03] 다양한 자료를 활용하여 아이디어와 관련된 표현 내용을 구체화할 수 있다.	식물의 성장 과정이 드러나게 사진을 찍는가?	사진 작품 평가

진천의 별밤 이야기: 교실 캠핑 프로젝트

진천의 별밤 이야기 프로젝트는?

이 프로젝트는 교과 간 프로젝트로서 '참 좋은 열두 살의 아홉 가지 삶' 중 더불어 '함께하는 삶'으로, 5학년 1학기 과학, 실과, 체육, 음악 교과를 재구성해 디자인했다.

바쁘게 학원을 돌며 살아가는 우리 아이들은 또래들과 함께 놀 시간이 너무나 부족하다. 잠시 나는 짬 시간에도 서로 각자의 폰을 보며 게임이나 인터넷을 하며 보내곤 한다. 이렇게 서로서로가 연결되지 못하고 살아가는 우리 아이들에게 어떤 경험이 필요할까?

먼저 같이할 여유로운 시간을 마련해 주어야 할 것이다. 가정에서 그것이 불가능하다면 학교에서 수업을 통해 그런 시간을 우리 아이들에게 선물하는 것은 어떨까? 그 여유로운 시간 속에서 우리 아이들이 친구들과 함께 자연을 걷고, 친구들과 함께 밤을 보내며 이야기를 나누는 경험을 할 수 있다면 좋겠다는 생각을 했다.

'진천의 별밤 이야기'는 친구들과 같이 자연을 걷는 활동과 교실 캠핑을 통해 친구들과 더불어 '함께하는 삶'을 경험하기 위한 프로젝트다.

프로젝트 수업 한눈에 보기

삶	활동 주제	탐구 질문	활동 및 내용	성취기준	시수
함 께 하 는 삶	프로젝트 만나기		· 프로젝트 소개 및 활동 정하기	[6실03-04]	1
	별밤을 준비하는 아이들	별밤 이야기를 어떻게 계획하고 실행할까?	· 별밤 현장체험학습 계획하기 · 별밤 계획하기(만찬, 야영, 공연)	[6실02-04]	4
	별밤을 향해 걷는 아이들		· 현장체험학습 [진천천+맹꽁이공원 걷기]	[6체01-03]	5
	별밤을 즐기는 아이들		· 우리들의 만찬	[6실02-02]	2
			· 북극성 찾기 · 공연하기(노래, 악기, 춤)	[6과-02-03] [6음01-01]	4
			교실 캠핑		
			· 분리 수거, 청소 등 별밤 정리하기	[6실03-04]	2
	함께하는 삶		· 더불어 함께하는 삶 생각하기 · 프로젝트 되돌아보기, 성찰 일지 쓰기	[6실02-02]	2

프로젝트 관련 성취기준 및 교과서 단원

교과	성취기준	단원(제재)	시수	
과학	[6과-02-03] 북쪽 하늘의 별자리를 이용하여 북극성을 찾을 수 있다.	3. 태양계와 별	2	
실과	[6실02-02] 성장기에 필요한 간식의 중요성을 이해하고 간식을 선택하거나 만들어 먹을 수 있으며 이때 식생활 예절을 적용한다. [6실02-04] 다양한 식재료의 맛을 비교·분석해 올바른 식습관 형성에 적용한다. [6실03-04] 쾌적한 생활공간 관리의 필요성을 환경과 관련지어 이해하고 올바른 관리 방법을 계획하여 실천한다.	2. 가정생활과 안전 3. 자원의 관리와 자립	11	20
체육	[6체01-03] 신체활동 참여를 통해 부족했던 체력의 향상을 체험함으로써 타인과 다른 자신의 신체적 기량과 특성을 긍정적으로 수용한다.	건강 (성장과 건강체력)	5	
음악	[6음01-01] 악곡의 특징을 이해하며 노래 부르거나 악기로 연주한다.		2	

프로젝트 수업 계획

탐구 질문	활동 주제 (시수)	차시	활동 및 내용	자료(□) 유의점(※) 평가(★)
	프로젝트 만나기 (1)	1/20	○'진천의 별밤 이야기' 프로젝트 안내하기 · 프로젝트 소개하기 · 성취기준 확인 및 활동 정하기	□ 참 좋은 열두 살 공책

탐구 질문	활동 주제 (시수)	차시	활동 및 내용	자료(□) 유의점(※) 평가(★)
별밤 이야기를 어떻게 계획하고 실행할 까?	별밤을 준비하는 아이들 (4)	2–5/20	○별밤 이야기 계획하기 · 별밤 현장체험학습 계획하기 (코스, 운동 효과, 환경 사진) · 우리들의 만찬 계획하기 (모둠 만찬 준비 및 역할 분담) · 별밤 공연 및 야영 계획하기 · 깨끗한 별밤 계획하기	□공책, 별밤 이야기 계 획 학습지 ※계획은 언제든지 수 정할 수 있다.
	별밤을 향해 걷는 아이들 (5)	6–10/20	○별밤을 향해 걷는 현장체험학습 · 모둠별로 정한 코스에 따라 진천천 및 맹꽁이공원 따라 걷기 · 모둠별로 운동 효과 정리 및 환경 사진 찍기	□공책, 스마트폰 ※모둠별로 정한 코스 에 따라 자유롭게 활동 을 하고 지정된 장소에 모이도록 한다. ★평가 5
	별밤을 즐기는 아이들 (8)	11–13/20	○모둠별 교실 캠핑 준비하기 · 잠자리 준비하기 ○우리들의 만찬 · 모둠별로 계획한 만찬 준비하기 – 농사직설 프로젝트에서 재배한 재료 활용하기 – 역할에 따라 우리들의 만찬 만들기 · 함께하는 우리들의 만찬 – 만든 만찬을 서로 나누어 먹기	□모둠별 만찬 재료 및 준비물 ※음식을 만들 때 그리 고 먹고 나서 쓰레기가 나오지 않도록 사전에 지도한다. ★평가 2, 3
		14–17/20	○북극성 찾기와 별밤 공연하기 · 별자리를 이용하여 북극성 찾아보기 · 별밤 공연하기 – 모둠별로 준비한 별밤 공연하기	□별밤 공연 준비물 ★평가 1, 6 ※별밤 공연 시작 전 학 생들이 찍은 환경 사진 을 간단하게 동영상으 로 제작해 보여 준다.
			교실 캠핑	

탐구 질문	활동 주제 (시수)	차시	활동 및 내용	자료(□) 유의점(※) 평가(★)
		18/20	○깨끗한 진천의 별밤 이야기 · 야영 장소 및 학교 쓰레기 정리 및 청소하기	□ 쓰레기 종량제 봉투 ★평가 4
	함께하는 삶 (2)	19~20/20	○프로젝트 되돌아보기 ○더불어 함께하는 삶에 대한 생각 나누고 정리하기 · 친구들과 더불어 함께하는 삶에 대한 생각 정리하기 ○프로젝트에 관한 성찰 일지 쓰기	□ 별밤 사진 자료, 참 좋은 열두 살 공책

평가

순	교과	성취기준	평가 문항	평가 방법
1	과학	[6과-02-03] 북쪽 하늘의 별자리를 이용해 북극성을 찾을 수 있다.	야영 활동 중 별자리를 이용하여 북극성을 찾는가?	활동 장면 관찰 평가
2	실과	[6실02-02] 성장기에 필요한 간식의 중요성을 이해하고 간식을 선택하거나 만들어 먹을 수 있으며 이때 식생활 예절을 적용한다.	다양한 식재료를 활용해 우리들의 만찬을 준비하고 예절을 지켜 만찬에 참여하는가?	만찬 계획서 및 활동 장면 관찰 평가
3		[6실02-04] 다양한 식재료의 맛을 비교·분석하여 올바른 식습관 형성에 적용한다.		
4		[6실03-04] 쾌적한 생활공간 관리의 필요성을 환경과 관련지어 이해하고 올바른 관리 방법을 계획하여 실천한다.	깨끗한 별밤을 위한 관리 방법을 계획하고 실천하는가?	깨끗한 별밤 계획서 및 활동 결과 평가

순	교과	성취기준	평가 문항	평가 방법
5	체육	[6체01-03] 신체활동 참여를 통해 부족했던 체력의 향상을 체험함으로써 타인과 다른 자신의 신체적 기량과 특성을 긍정적으로 수용한다.	별밤 현장체험학습을 통해 체력의 향상을 체험하고 자신의 신체적 기량과 특성을 수용하는가?	현장체험 학습 계획서 및 활동 장면 관찰 평가
6	음악	[6음01-01] 악곡의 특징을 이해하며 노래 부르거나 악기로 연주한다.	악곡의 특징을 살려 별밤 공연을 하는가?	활동 장면 관찰 평가

04

스쿨 오브 뮤지컬: 예술 감수성을 꽃피우다

스쿨 오브 뮤지컬 프로젝트는?

이 프로젝트는 교과 간 프로젝트로서 '참 좋은 열두 살의 아홉 가지 삶' 중 '즐거운 삶'으로, 5학년 1학기 국어, 음악 교과를 재구성해 디자인했다.

연극이나 뮤지컬과 같은 예술이라고 하면 흔히 수동적으로 감상하는 것으로 생각한다. 다른 사람이 만든 작품을 단순히 보고 듣는 것을 예술로 받아들이는 것이다. 하지만 예술을 진정으로 즐기는 것은 자기 속으로 들어와 이해하고 느끼는 과정이 필요하다. 아이들이 예술을 좀 더 적극적으로 감상하고 느끼게 할 방법이 없을까?

우리 아이들이 예술을 너무 어렵고 먼 것이 아니라 우리 주변에 흔히 있고 우리도 표현할 수 있다는 것을 경험하게 하고 싶다. 아이들 주변 소재로 뮤지컬을 계획하고 다양한 이야기 요소와 음악 요소가 들어간 뮤지컬을 제작해 봄으로써 이를 실행해 나갈 수 있다고 생각한다.

'스쿨 오브 뮤지컬'은 아이들 주변의 소재로 뮤지컬을 제작해 봄으로써 예술 감수성을 기르고 음악과 극을 통해 '즐거운 삶'을 경험하기 위한 프로젝트다.

프로젝트 수업 한눈에 보기

삶	활동 주제	탐구 질문	활동 및 내용	성취기준	시수
즐거운 삶	Opening(프로젝트 만나기)		· 프로젝트 소개		1
	Pre Musical	뮤지컬은 어떻게 만들어질까?	· 뮤지컬 주제 및 이야기 구성 정하기	[6국05-04]	2
			· 역할, 노래, 춤 만들기 · 역할 정하기 및 연습하기	[6국05-05]	5
	Play Musical		· 뮤지컬 연습하기　· 수정 보완하기	[6음01-01]	3
			· 영상으로 찍기 · 영상 편집하기	[6음03-01]	2
	Closing(즐거운 삶)		· 프로젝트 되돌아보기		1

프로젝트 관련 성취기준 및 교과서 단원

교과	성취기준	단원(제재)	시수	
국어	[6국05-04] 일상생활의 경험을 이야기나 극의 형식으로 표현한다. [6국05-05] 작품에 대한 이해와 감상을 바탕으로 해 다른 사람과 적극적으로 소통한다.	10. 주인공이 되어	8	14
음악	[6음01-01] 악곡의 특징을 이해하며 노래 부르거나 악기로 연주한다. [6음03-01] 음악을 활용하여 가정, 학교, 사회 등의 행사에 참여하고 느낌을 발표한다.		6	

프로젝트 수업 계획

활동 주제 (시수)	탐구 질문	차시	활동 및 내용	자료(□) 유의점(※) 평가(★)
Open-ing (1)	프로젝트 만나기	1/14	○'스쿨 오브 뮤지컬' 프로젝트 안내하기 · 프로젝트 소개하기 · 성취기준 확인 및 활동 정하기	□참 좋은 열두 살 공책
Pre-Musical (7)	뮤지컬은 어떻게 만들어질까?	2–3/14	○뮤지컬 주제 및 이야기 구성 정하기 · 수행한 프로젝트 되돌아보기 · 뮤지컬로 표현하고 싶은 주제 정하기 · 이야기 구성 의논하고 정하기	□수행한 프로젝트 사진, 참 좋은 열두 살 공책 ★평가1
		4–8/14	○역할 정하고, 노래, 춤 만들기 · 이야기 구성에 맞게 역할 정하고 역할 정하기 · 노래와 춤이 필요한 부분 정하기 · 노래와 춤 만들기 ○역할 정하기 및 개인 연습하기 (역할에 따른 노래 대사 등) · 역할 정하고 개인 파트 연습하기 ○뮤지컬 전개에 맞게 단체 연습하기 (무대전환, 단체 동선 등) · 전체 구성에 맞게 함께 연습하기	□프로젝트 공책, 스마트기기 ※정해진 역할, 노래 가사, 춤 동작을 공책에 기록하도록 한다. ※노래 선율, 춤 동작을 동영상 촬영이나 녹음을 통해 남겨 놓아도 좋음을 이야기한다. ★평가2
Play Musical (5)		9–11/14	○무대에서 뮤지컬 연습하기 · 처음부터 끝까지 연습하기 · 연습 동영상 찍기 ○연습을 통한 수정 보완하기 · 연습한 동영상 보며 수정하기 · 뮤지컬 보완하기	□스마트 기기 ※너무 복잡하기보다 주제를 표현할 수 있는 크고 정확한 동작과 가사에 중점을 두도록 한다. ★평가3
		12–13/14	○뮤지컬 영상으로 찍기 · 최종 연습한 것을 바탕으로 뮤지컬 영상 찍기 ○영상 편집하기 · 찍은 영상 편집하기 (작품 설명 자막 넣기 등)	□스마트 기기, 동영상 편집 프로그램 ★평가4

활동 주제 (시수)	탐구 질문	차시	활동 및 내용	자료(□) 유의점(※) 평가(★)
Closing (1)	즐거운 삶	14/14	○친구들과 함께 한 프로젝트에 대한 생각 나누기 · 프로젝트 활동 장면 보며 즐거운 삶에 대한 생각 나누기 ○프로젝트 평가하기 · 프로젝트에 관한 성찰 일지 쓰기	□프로젝트 활동 사진, 참 좋은 열두 살 공책

평가

순	교과	성취기준	평가 문항	평가 방법
1	국어	[6국05-04] 일상생활의 경험을 이야기나 극의 형식으로 표현한다.	경험한 프로젝트에서 뮤지컬 제작에 적합한 이야기 구성을 끌어내는가?	활동 장면 관찰 평가
2		[6국05-05] 작품에 대한 이해와 감상을 바탕으로 하여 다른 사람과 적극적으로 소통한다.	뮤지컬에 들어갈 역할, 노래, 춤을 친구들과 함께 만들 수 있는가?	활동 장면 관찰 평가
3	음악	[6음01-01] 악곡의 특징을 이해하며 노래 부르거나 악기로 연주한다.	맡은 역할의 노래와 춤을 수행할 수 있는가?	활동 장면 관찰 평가
4		[6음03-01] 음악을 활용하여 가정, 학교, 사회 등의 행사에 참여하고 느낌을 발표한다.	뮤지컬을 친구들과 함께 완성하고 동영상으로 촬영할 수 있는가?	활동 장면 관찰 평가 및 결과물 평가

05

꿈꾸는 운동장: 학년 운동회 프로젝트

꿈꾸는 운동장 프로젝트는?

이 프로젝트는 교과 간 프로젝트로서 '참 좋은 열두 살의 아홉 가지 삶' 중 '슬기로운 삶'으로, 5학년 1학기 국어, 체육, 미술 교과의 단원들을 재구성해 디자인했다.

어떤 학교는 학생 수가 너무 적어서 학교들끼리의 통폐합이 추진되고 있고, 또 어떤 학교는 학교의 규모에 비해 지나치게 많은 학생 수 때문에 한 시간에 수업해야 하는 학반이 많아서 강당과 운동장이 이를 다 수용할 수 없어 아이들이 제대로 뛰어놀 수 있는 공간 확보조차 어렵다.

이런 현실 속에 '운동회'는 다양한 형태로 학교의 여건과 재량에 따라 많이 변모해 왔다. 이 프로젝트는 운동장의 학생 수용 한계와 학급수가 많아 운동회를 학년 별 단위 혹은 학급별 단위로 할 수밖에 없는 현실 속에서 만들어진 프로젝트다.

이 '꿈꾸는 운동장'이라는 프로젝트를 통해 우리 아이들은 지금까지 자신이 경험한 운동회에 대한 경험을 돌아보고 현재 학교 여건을 고려하면서도 즐거운 운동회를 할 수 있는 방안에 대해 나누어 보면서 '새로운 것을 만드는 창조의 즐거움'을 경험할 것이다. 또한 내가 생활하는 공간에 대한 '민감성'을 기르고, 프로젝트를 닫는 마지막 활동으로 많은 학생 수에 비해 좁은 교실과 복도와 계단에서 발생하는 다양한 안전사고들을 어떻게 방지하고 대처할 것인가, 신체 활동 시간을 늘리는 방안 등에 대한 토의토론을 통해 자신의 의견을 조정하고 문제를 해결해 나감으로써 자신을 둘러싼 주변 환경을 때로는 활용하고, 때로는 변화시켜 나가며 현명하게 생활할 수 있는 '슬기로운 삶'을 경험을 하게 될 것이다.

프로젝트 수업 한눈에 보기

삶	활동 주제	탐구 질문	활동 및 내용	성취기준	시수
슬 기 로 운 삶	프로젝트 만나기		· 프로젝트 소개하기 · 성취기준 확인 및 활동 정하기	[6국01-04]	2
	운동회의 추억	내가 생각하는 즐거운 운동회는 어떤 운동회일까?	· 영상, 사진 자료를 보고 운동회에 대한 경험 나누기 · 내가 만들고 싶은 이상적인 운동회 프로그램에 대해 이야기하기	[6미02-02]	1
	우리가 만드는 운동회	우리 학교의 상황을 고려할 때 어떻게 하면 즐거운 운동회를 할 수 있을까?	· 꿈꾸는 운동회 만들기 안내하기 · 운동회 프로그램 만들기 · 아이디어 설명회 개최하기 · 최종 프로그램 확정하기 및 선택하기	[6국03-01]	2
				[6체03-03]	3
				[6국01-04]	2

삶	활동 주제	탐구 질문	활동 및 내용	성취기준	시수
	꿈꾸는 운동회	꿈꾸는 운동회를 위한 준비물을 만들고 운동회 열기	· 꿈꾸는 운동회 준비하기 · 꿈꾸는 운동회 열기	[6미02-01] [6미02-02]	3
				[6체03-04]	5
	슬기로운 삶		· 슬기롭고 안전한 학교생활을 위한 나만의 방안을 쓰고 공유하기 · 프로젝트 되돌아보기, 성찰 일지 쓰기	[6국03-01]	4

프로젝트 관련 성취기준 및 교과서 단원

교과	성취기준	단원(제재)	시수	
국어	[6국01-04] 자료를 정리하여 말할 내용을 체계적으로 구성한다. [6국03-01] 쓰기는 절차에 따라 의미를 구성하고 표현하는 과정임을 이해하고 글을 쓴다.	4. 글쓰기의 과정 9. 여러 가지 방법으로 읽어요	8	
체육	[6체03-03] 필드형 게임 방법에 대한 이해를 바탕으로 게임을 유리하게 전개할 수 있는 전략을 탐색하고 적용한다. [6체03-04] 필드형 경쟁 활동에 참여하면서 책임의 중요성을 인식하고 이를 바탕으로 맡은 바 역할에 최선을 다하며 게임을 수행한다.	경쟁(필드형 경쟁)	8	22
미술	[6미02-01] 표현 주제를 잘 나타낼 수 있는 다양한 소재를 탐색할 수 있다. [6미02-02] 다양한 발상 방법으로 아이디어를 발전시킬 수 있다.		6	

프로젝트 수업 계획

활동 주제 (시수)	탐구 질문	차시	활동 및 내용	자료(□) 유의점(※) 평가(★)
프로젝트 만나기 (2)		1–2/22	○꿈꾸는 운동장 프로젝트와 만나기 · 프로젝트 소개하기 · 성취기준 확인 및 활동 정하기	□참 좋은 열두 살 공책
운동회의 추억 (1)	내가 생각하는 즐거운 운동회는?	3/22	○운동회 경험 나누기 · 영상, 사진 자료를 보고 운동회에 대한 경험 나누기 ○인생 운동회 · 내가 만들고 싶은 이상적인 운동회 프로그램에 대해 이야기하기	□우리 학교 운동회 사진, 영상 자료 (색다른 운동회 영상이 나 사진 자료)
우리가 만드는 운동회 (7)	우리 학교의 상황(학생 수, 운 동장의 넓이 등) 을 고려할 때 어떻게 하면 즐거운 운동회를 할 수 있을까?	4–6/22	○꿈꾸는 운동회 만들기 안내하기 · 우리 학교의 상황 파악하기 · 운동회 프로그램 만들기 – 학교의 여건 및 주어진 조건 등을 바탕으로 프로그램 만들기 – 모둠별로 월드카페, 피라미드 토의, 아이디어 공장 등 여러 가지 방법 중 선택하여 문제 해결하기	□운동회 만들기 안내 를 위한 편지글, 참 좋 은 열두 살 공책, 포스 트잇
		7–10/22	○아이디어 설명회 개최하기 · 모둠별로 운동회 프로그램을 설명하고 친구들에게 피드백 받기 ○정리하기 · 최종 프로그램 확정하기 및 선택하기 – 친구들에게 피드백을 반영하여 프로그램을 수정하고 최종 발표하기 – 프로그램을 평가하고 선택하기	※스케치북 또는 대형 포스트잇 등 설명회에 필요한 준비물을 미리 준비해 둔다. □발표 자료 ★평가 1,3,5

활동 주제 (시수)	탐구 질문	차시	활동 및 내용	자료(□) 유의점(※) 평가(★)

꿈꾸는
운동회
(8)
	준비물을
	만들고 꿈꾸는
	운동회 열기
		11~18/22	○꿈꾸는 운동회
			· 선택된 프로그램으로 운동회하기
			  – 운동회 순서 및 구체적인 일정 정하기
			  – 운동회 진행을 위한 역할 정하기
			  – 운동회 팸플릿 만들기
			  – 운동회에 필요한 준비물 준비하기
			  – 사전 점검하기 및 운동회 열기
				□ 팸플릿 만들 자료,
				프로그램에 따른 준비
				물
				★평가 2, 4

슬기로운 삶
(4)
		19~20/22	○프로젝트 되돌아보기
			○슬기로운 삶에 대한 생각 나누고
			  정리하기
			· 글쓰기 과정 알기
			  – 자신의 생각을 체계적으로 정리하고
			    쓰기 위한 방법과 과정 알기
			· 슬기롭고 안전한 학교생활을 위한
			  방안 생각해 보기
			  – 학생 수에 비해 좁은 급식실, 좁은
			    운동장, 좁은 체육관, 특별실 미비
			    등과 같은 학교 상황에서 슬기롭고
			    안전한 학교생활을 위한 나만의
			    방안과 신체 활동 시간을 늘리는
			    방안, 교실에서 할 수 있는 놀이 등을
			    쓰기
				□참 좋은 열두 살
				공책
				
				※글쓰기 방법과 과정
				알기에서는 피상적인
				글쓰기의 절차를 연습
				하는 것보다 즉흥적인
				시범 보이기 또는 구
				체적인 예시 글을 통
				한 지도가 효과적이
				다.
				★평가 6

		21~22/22	· 공유하기 – 쓴 글을 발표하면서 함께 공유하기 ○ 프로젝트에 관한 성찰 일지 쓰기	

평가

순	교과	성취기준	평가 문항	평가 방법
1	체육	[6체03-03] 필드형 게임 방법에 대한 이해를 바탕으로 게임을 유리하게 전개할 수 있는 전략을 탐색하고 적용한다.	운동회에 필요한 게임의 특징을 알고 구체적인 전략 및 전개 방법을 게임에 적용하여 만드는가?	문제 해결 활동 장면 관찰 평가 및 상호 평가
2		[6체03-04] 필드형 경쟁 활동에 참여하면서 책임의 중요성을 인식하고 이를 바탕으로 맡은 바 역할에 최선을 다하며 게임을 수행한다.	자신이 맡은 역할을 다하며 최선을 다해 경쟁 활동에 참여하고 질서 있고 즐겁게 운동회에 참여하는가?	운동회 활동 장면 관찰 평가
3	미술	[6미02-02] 다양한 발상 방법으로 아이디어를 발전시킬 수 있다.	다양한 발상으로 즐거운 운동회를 위한 프로그램을 만드는가?	모둠 활동 결과물 및 관찰 평가
4		[6미02-01] 표현 주제를 잘 나타낼 수 있는 다양한 소재를 탐색할 수 있다.	다양한 소재를 활용하여 운동회에 필요한 준비물을 만드는가?	결과물 평가
5	국어	[6국01-04] 자료를 정리해 말할 내용을 체계적으로 구성한다.	아이디어 결과 발표에 필요한 자료를 정리하고 발표할 내용을 구성하는가?	결과물 및 발표 장면 관찰 및 상호 평가
6		[6국03-01] 쓰기는 절차에 따라 의미를 구성하고 표현하는 과정임을 이해하고 글을 쓴다.	쓰기 절차에 맞게 의미를 구성하여 자신의 의견을 제시하는 글을 쓰는가?	결과물 평가 및 상호 평가

프로젝트 수업은
아이를 수(秀) 놓는다

"선생님, 다음 프로젝트 수업 때는 뭐 해요?"

"글쎄. 선생님이 아직 완성을 못했어. 근데 왜?"

"그냥 궁금해서요."

"선생님이 프로젝트 준비하는 거 무지 힘든데 이번엔 그냥 교과서로 수업하면 어떨까?"

"아니요, 선생님. 프로젝트로 수업하고 싶어요. 교과서 말고 프로젝트로 수업해요."

학생들은 프로젝트 수업을 좋아한다. 하나의 프로젝트 수업이 끝나고 나면 다음 프로젝트 수업의 주제는 무엇인지, 무슨 활동을 하는지 궁금해하며 자꾸만 묻는다. 다양한 활동을 하기 때문에 재미있을 뿐만 아니라 스스로 그리고 함께하기에 힘들기도 하지만 무언가를 제대로 배운다고 느끼기 때문일 것이다.

학생들의 전인적 성장, 삶과의 연계

교사와 학생의 활발한 상호작용, 모든 학생들의 참여

학생들의 흥미와 관심 반영, 학생들의 수준 차 고려

　　우리가 생각하는 좋은 수업은 결국 학생들을 '성장'시키는 수업일 것이다. 학생들의 흥미와 관심을 반영하고 삶과 연계된 수업을 하고, 학생들의 수준 차를 고려하면서도 모든 학생들이 참여하고 활발한 상호작용이 일어나는 수업을 꿈꾸는 것은 학생들의 성장을 위해서다.

　　프로젝트 수업이 이런 좋은 수업을 하는 데 유용한 도구가 되었으면 한다. 그리고 프로젝트 수업을 통해 우리 아이들이 더욱더 성장했으면 좋겠다.

　　프로젝트 수업으로 성장하는 우리 아이들을 꿈꾸며 오늘도 프로젝트 수업을 고민한다.

　　허락된다면 가까운 미래에, 여러 교사와 협의하면서 우리만의 프로젝트 수업을 만들고 실천하여 그 결과를 책으로 엮어 보고 싶습니다.

－ 신지승, 《교육과정 문해력, 교사 전문성을 완성하다》 에필로그 중

　　이 책은 프로젝트 수업을 계획하는 과정까지를 다룬 필자의 《교육과정 문해력, 교사 전문성을 완성하다》의 후속편이며 2013년부터 함께하고 있는 교사학습공동체인 〈참 좋은 연구회〉 회원 선생님들과 함께 기획한 것이다.

필자는 2019년 늦가을, 연구회 회원들에게 프로젝트 수업을 만들어 실천하고 결과물을 책으로 묶어 보자는 제안을 했고 회원들의 만장일치로 5학년 프로젝트를 준비하기로 했다. 프로젝트 전체 콘셉트를 '참 좋은 열두 살'로 정하고 2019년 11월부터 2020년 1월까지 3개월에 걸쳐 1학기에 실천할 아홉 개의 프로젝트 수업을 만들었다.

하지만 2020년에는 봄이 오지 않았다. 코로나19로 인해 시시각각 바뀌는 등교 상황과 학교마다 다른 수업 상황 때문에 프로젝트 수업을 진행하는 것이 불가능했다. 2021년 역시 정상적인 수업 환경에서 제대로 된 프로젝트 수업을 하기가 어려웠고 결국 수업이 가능한 프로젝트만 실천하고 참 좋은 열두 살 프로젝트를 마무리했다. 이후 필자가 참 좋은 열두 살 프로젝트와 함께 남대구초등학교에서 실천한 프로젝트를 정리한 결과물이 이 책이다.

2021년 가을부터 우리 참 좋은 연구회는 4학년을 위한 '참 좋은 열한 살' 프로젝트를 준비하고 있다. 2022년에는 눈부신 봄과 함께 우리의 열한 살 친구들이 참 좋은 프로젝트 수업으로 성장하고 즐거운 학교생활을 하는 모습을 볼 수 있으면 좋겠다. 내년 겨울에는 풍성한 열한 살 친구들의 이야기를 가지고 다시 많은 선생님들을 찾아뵙고 싶다.

감사할 분이 많습니다.

말없는 가르침으로 이끌어 주시는 김영호 교장 선생님과 안영자 과장님, 참 좋은 열두 살 프로젝트를 함께 기획한 〈참 좋은 연구회〉의 김미하 선생님, 성영미 선생님, 박은혜 선생님, 변남주 선생님, 김경민 선생님과 올해부터 함께 연구회를 하며 참 좋은 열한 살 프로젝트를 준비하고 있는 임영수 선생님, 남수경 선생님, 박현주 선생님, 조근호 선생님, 남대구초등학교에서 동학년을 하며 프로젝트 수업을 함께 기획하고 실천했던 서영미 선생님, 정선우 선생님, 부족한 수석 새내기인 필자를 든든하게 지원해 주시는 박세숙 교장 선생님과 이성희 교감 선생님 그리고 진천초등학교 선생님들께 감사드립니다.

항상 책 읽고 글 쓰는 재미로 인해 집안에는 별 도움이 되지 않는 저를 이해해 주는 아내 차현미, 사랑하는 아들 해성이와 사랑하는 딸 해인이에게 특히 감사합니다.

'함께하는 교육, 100년의 약속'을 위한 행복 교육 프로젝트

No.01 김성효 글 | 홍종남 기획

학급경영 멘토링

No.02 김성효 글 | 홍종남 기획

기적의 수업 멘토링

No.03 이경원 글 | 홍종남 기획

교육과정 콘서트

No.04 김성효 글 | 홍종남 기획

행복한 진로교육 멘토링

No.05 이성대 외 글 | 홍종남 기획

프로젝트 수업,
교육과정을 만나다

No.06 이성대 글 | 홍종남 기획

혁신학교,
행복한 배움을 꿈꾸다

No.07 정민수 글 | 홍종남 기획

수업도시락,
성찰과 협력을 담다

No.08 조정래 글 | 홍종남 기획

스토리텔링 교육의
모든 것

No.09 최무연 글 | 홍종남 기획

나는 수업하러 학교에
간다

No.10 정민수 글 | 홍종남 기획

수업성숙도,
교사의 강점을 담다

No.11 이현정 외 글 | 홍종남 기획

프로젝트 수업,
배움을 디자인하다

No.12 김진수 글 | 홍종남 기획

행복한 수업을 위한
독서교육 콘서트

No.13 이성대 글

배움이 없는 학교,
프레임을 바꿔라

No.14 최무연 글 | 홍종남 기획

수업은 기획이다

No.15 정선아 글 | 홍종남 기획

교사는 아이들과 함께
성장한다

No.16 하건예 글 | 홍종남 기획

교사, 교육전문가로
성장하다

No.17 이경원 글 | 홍종남 기획

교사의 탄생

No.18 김경훈 글 | 홍종남 기획

토의토론수업,
배움을 디자인하다

No.19 최무연 글 | 홍종남 기획

교육과정 문해력,
배움을 디자인하다

No.20 김진수 글 | 홍종남 기획

교사가 성장하면,
수업도 성장한다

행복한
교육학

'함께하는 교육, 100년의 약속'을 위한 행복 교육 프로젝트

No.21 김경희 글 | 홍종남 기획

교사에게는
제자가 있다

No.22 엄주하 글 | 홍종남 기획

학교 속의 힐링캠프,
보건교사 사용설명서

No.23 권경희 · 노미향 글

교육연극, 프로젝트 수
업을 만나다

No.24 박재찬 글 | 홍종남 기획

학생참여수업, 배움을
디자인하다

No.25 최현정 글 | 홍종남 기획

발칙한 성교육,
학교를 품다

No.26 김동렬 글 | 홍종남 기획

교사 20년,
배움을 디자인하다

No.27 부재율 · 정민수 글

교육평가 콘서트,
배움을 디자인하다

No.28 이경원 글 | 홍종남 기획

학급의 탄생

No.29 신지승 글 | 홍종남 기획

교육과정 문해력,
교사 전문성을 완성하다

No.30 최무연 글 | 홍종남 기획

학생중심수업,
교육과정을 디자인하다

No.31 강하은 글 | 홍종남 기획

나는 1년 차 교사입니다

No.32 표혜빈 글 | 홍종남 기획

학생참여수업,
수업 생동감을 만나다

No.33 조욱 글 | 홍종남 기획

교사에게
철학이 필요한 순간

No.34 김정훈 글 | 홍종남 기획

슬로리딩수업,
토의토론을 만나다

No.35 정민수 · 홍근하 글

나는 선생님이
처음입니다

No.36 권경희 글

수업의 모든 것,
수업을 탐하다

No.37 이호창 글

교사교육과정,
수업전략을 만나다

No.38 신지승 글

교육과정 재구성,
프로젝트 수업을 탐하다

행복한미래

함께하는 교육, 100년의 약속